# भारतीय भाषाओं में रामकथा

(कन्नड़ भाषा)

# भारतीय भाषाओं में रामकथा
## (कन्नड़ भाषा)


*प्रधान सम्पादक*

**डॉ. योगेन्द्र प्रताप सिंह**

पूर्व प्रोफेसर तथा अध्यक्ष, हिन्दी विभाग

इलाहाबाद विश्वविद्यालय, इलाहाबाद

*सम्पादक*

**प्रो. टी.आर. भट्ट**

पूर्व अध्यक्ष, हिन्दी विभाग

कर्नाटक विश्वविद्यालय, धारवाड़

*परिकल्पना*

**डॉ. योगेन्द्र प्रताप सिंह**

निदेशक, अयोध्या शोध संस्थान : तुलसी स्मारक भवन

अयोध्या, फैजाबाद (उ. प्र.)



**वाणी प्रकाशन**

वाणी प्रकाशन
*4695, 21-ए, दरियागंज, नयी दिल्ली 110 002*
शाखा
*अशोक राजपथ, पटना 800 004*
फ़ोन : +91 11 23273167 फ़ैक्स : +91 11 23275710
www.vaniprakashan.in
vaniprakashan@gmail.com

BHARTIYA BHASHAON MEIN RAMKATHA
(KANNAD BHASHA)
*Chief Editor* : Dr. Yogendra Pratap Singh
*Editor* : Pro. T.R. Bhatt
*Imagination* : Dr. Yogendra Pratap Singh

ISBN : 978-93-5229-053-6
Religion/Culture



प्रथम संस्करण
मूल्य : ₹ 225



*हर्ष प्रिंटर्स, नयी दिल्ली-110 093 में मुद्रित*

*वाणी प्रकाशन का लोगो मक़बूल फ़िदा हुसेन की कूची से*

# वक्तव्य

भारतीय संस्कृति 'राम संस्कृति' है और अपनी भारतीय समाज रचना के चार तत्त्व हैं—दान, दया, सत्य एवं अहिंसा। इनमें से किसी एक तत्त्व का आजीवन पालन करने वाले मनीषी हमारी संस्कृति के देवपुरुष माने जाते हैं। दान के सन्दर्भ में कर्ण, सम्राट अशोक, सत्य के प्रतीक पुरुष महाराज हरिश्चन्द्र और महात्मा बुद्ध, करुणामयी दया के प्रतीक थे तो आज के युग में महात्मा गाँधी अहिंसा के। भारतीय समाज रचना के दान, दया, सत्य एवं अहिंसा—ये चारों तत्त्व वैदिक काल से चले आ रहे हैं और इन्हें समाज के धर्म वृषभ का चतुष्पाद (चारों पैर) कहा गया है—धर्म वृषभ के इन्हीं चारों पैरों से समाज की रचना होती है। रामराज्य का सन्दर्भ इन्हीं चारों तत्त्वों के मूल सन्दर्भ से है और इस सन्दर्भ का दायित्व मार्क्सवादी मान्यताओं जैसा केवल शोषित वर्ग के लिए समरसता की स्थापना न होकर सर्वथा एवं सर्वभावेन सम्पूर्ण समाज को लोकमंगलमयता से जोड़कर उस लोकमंगलवाद (लोकतन्त्रवाद) की स्थापना जहाँ सभी अपने हैं। सम्पूर्ण समाज एक परिवार है तथा सम्पूर्ण वैश्विक परिवेश कुटुम्ब की भाँति हैं। न्याय, समता, बन्धुत्व, अभिव्यक्ति की स्वतन्त्रता, सभी की सुखपूर्वक, सन्तोषपूर्वक, आनन्दपूर्वक मंगलमयी जीवन जीने की समरस व्यवस्था, पारस्परिक सम्पूर्ण प्राणियों के प्रति हितैषिता एवं बन्धुत्व आदि-आदि कितने सामाजिक मूल्य हैं—जो इस रामराज्य में सार्वभौमिक रूप से व्याप्त हैं।

वाल्मीकि रामायण का उदाहरण लें, नारद की सहायता से वे समाज की हितबद्धता से जुड़े तेईस मानवीय मूल्यों की स्थापना अपनी सम्पूर्ण कृति में करते हैं। गोस्वामी तुलसीदास रामराज्य का जो व्यापक परिवेश भारतीय समाज से जोड़ते हैं, उसमें न केवल सामाजिक सम्बन्धों की सार्वजनिक नैतिक शालीनता तथा पवित्रता, त्याग, उदारता, सहृदयता ही है, अपितु समाज में उच्च एवं निम्नवर्गीय जैसी कटुता का त्याग सर्वप्रधान राजधर्म है। राम कहते हैं—"सब मम प्रिय सब मम उपजाए।" इससे श्रेष्ठ राजधर्म और क्या हो सकता है। ये प्रेम तथा आत्मीयता के व्यापक सामाजिक संरचना के मूलधर्म 'रामराज्य' की कल्पना है और रामकथा के प्रतिबद्धपात्र सम्पूर्ण मंगलमयी आकांक्षाओं से परिपूर्ण विषमता तथा विवादविहीन समाज रचना के प्रति प्रतिबद्ध हैं। यहाँ केवल सामाजिक सम्बन्धों की नैतिक शालीनता, पवित्रता, त्याग, उदारता, पारस्परिक सहिष्णुता तथा सहृदयता ही नहीं मिलती अपितु सार्वकालिक, सार्वदेशिक तथा सर्वसुलभ मानवीय हितबद्धता के अखण्ड सन्दर्भ वर्तमान हैं। रामराज्य के सामरस्य का दर्शन करने प्रतिदिन नारद, सनक, सनन्दन आदि ऋषि मुग्ध तथा आत्मविस्मृत भाव से अयोध्या में आकर घूमते रहते हैं। इस राज्य में कालमय न था, लोभ, मोह, शोक, संवाद, तृष्णा, शोषण, अनाचरण, लोक उत्पीड़न से जुड़े तत्त्वों का सर्वथा अभाव था। गोस्वामी तुलसीदास का निष्कर्ष है कि लोक में व्याप्त यह रामराज्य सभी के लिए आनन्द तथा मंगलमय हैं किन्तु कुछ दुखी भी हैं, और उनका दुखी होना सनातन धर्म है—रामराज्य के दुखी तत्त्व इस प्रकार हैं—

**जब ते राम प्रताप खगेसा। मुदित भयउ अति प्रबल दिनेसा।**
**पूरि प्रकास रहेउ तिहुँ लोका। बहुतन्ह सुख बहुतन्ह मन सोका।**

**रामराज्य में शोकग्रस्त कौन हैं**—गोस्वामी तुलसीदास बताते हैं—

**जिन्हहिं सोक ते कहहुँ बखानी। प्रथम अविद्या निसा नसानी।**
**अघ उलूक जहँ तहाँ लुकाने। काम क्रोध कैरव सकुचाने।**
**बिबिध कर्म गुनकाल सुभाऊ। ये चकोर सुख लहहिं न काऊ।**
**मत्सर मान मोह मद चोरा। इन्ह कर हुनर न कवनिहुँ ओरा।**
**धरम तड़ाग ग्यान बिग्याना। भए पंकज विकसे विधि नाना।**
**सुख सन्तोष बिराग विवेका। बिगत सोक ये कोक अनेका॥**

भारतीय समाज के सहस्रों वर्ष प्राचीन सम्पूर्ण तत्त्वों को भलीभाँति विश्व के इतिहास में खोज लीजिए, अन्यत्र कहीं भी नहीं उपलब्ध हैं। आज के लोकतान्त्रिक समाज की रचना से नारद के वाल्मीकि सन्दर्भ से जुड़े श्रेष्ठतम तत्त्वों एवं वाल्मीकि रामायण काल से चले आ रहे गोस्वामी तुलसीदास के युग तक वर्णित रामराज्य की सत्तासम्बद्ध मान्यताएँ भारत के अतिरिक्त अन्य देशों में कहीं भी नहीं मिलेंगी।

भारतीय संस्कृति के विभाजन को केन्द्र में रखते हुए भारतीय भाषाओं एवं राज्यों को पृथक्-पृथक् खण्डों में बाँटने वाले विदेशी राजतन्त्रों के कारण भारत बराबर टूटते हुए भी अपने सांस्कृतिक सन्दर्भों के कारण अब भी एक सूत्र में बँधा है। एकता के सूत्र में बाँधने वाले सन्दर्भों में राम, कृष्ण, शिव आदि के सन्दर्भ अक्षय हैं। भारतीय संस्कृति अपने आदिकाल से ही राममयी लोकमयता की पारस्परिक उदारता से जुड़ी सम्पूर्ण देश, उसके विविध प्रदेशों एवं उनकी लोक व्यवहार की भाषाओं में लोकाचरण एवं सम्बद्ध क्रियाकलापों से अनिवार्यतः हजारों-हजारों वर्षों से एकमेव रही है। सम्पूर्ण भारत तथा उसकी समन्वयी चेतना से पूर्णतः जुड़ी इस भारतीय अस्मिता को पुनः भारतीयों के सामने रखना और इसका बोध कराना कि पश्चिमी सभ्यता के विविध रूपों से आक्रान्त हम भारतीय अपनी अस्मिता से अपने को पुनः अलंकृत करें।

सामान्यतः लोकमान्य तिलक, महात्मा गाँधी, स्वामी दयानन्द सरस्वती, विनोबा भावे, डॉ. राममनोहर लोहिया आदि आधुनिक चिन्तक तथा मनीषी भारत के लोकतन्त्र को रामराज्य जैसा देखना चाहते थे क्योंकि देश के सम्पूर्ण राज्यों, भाषाओं, लोकचिन्तन सन्दर्भों एवं भारतीय मनीषियों के आचरणों में यह रामराज्य तन्त्र कब से वर्तमान एवं आचरणीय चला आ रहा है—किन्तु उधर हमारा ध्यान नहीं जा रहा है। भारतीय संस्कृति की इसी गौरवमयी निष्ठा की ओर हम भारतीयों का ध्यान आकर्षित करना इस योजना का लक्ष्य है। भारत के विविध राज्यों की विविध भाषाओं की रामकथा एवं संस्कृति से जुड़ी इस 'रामकथा कृति माला' के द्वारा इस संस्कृति को प्रकाश में ले आना निश्चित ही एक गौरवपूर्ण कार्य स्वीकार किया जाना चाहिए।

उत्तर प्रदेश शासन के संस्कृति विभाग के अयोध्या शोध संस्थान, अयोध्या, फैजाबाद द्वारा परिचालित यह योजना भारतीय प्राचीन सांस्कृतिक अस्मिता को पुनः प्रकाश में ले आने का जो कार्य कर रही है, निश्चित ही, वह देश भर के लिए श्रेष्ठता का एक मानक साक्ष्य है। अयोध्या शोध संस्थान, अयोध्या, फैजाबाद इस गुरुतर कार्य के लिए निश्चित ही सदैव स्मरण किया जाता रहेगा।

सम्पूर्ण भारत में प्रचलित इस समय बाईस भाषाओं के मर्मज्ञ विद्वान एवं मनीषी इस दिशा में जिस निष्ठा के साथ प्रतिबद्ध भाव से इस कार्य के लिए तत्पर हुए हैं, उनका प्रतिफल ये कृतियाँ हैं

और ये विद्वान मनीषी लेखक निश्चित रूप से बधाई के पात्र हैं।

आशा है, यह रामकथा कृति माला भारतीय सांस्कृतिक अस्मिता को देश के नागरिकों को आत्मीय गौरव से निरन्तर अभिभूत करती रहेगी।

दीपावली : वृहस्पतिवार,
सन् 2014

**डॉ. योगेन्द्र प्रताप सिंह**
*प्रधान सम्पादक*
पूर्व प्रोफेसर तथा अध्यक्ष, हिन्दी विभाग
इलाहाबाद विश्वविद्यालय, इलाहाबाद

# सम्पादकीय

प्रस्तुत 'भारतीय भाषाओं में रामकथा : कन्नड़ भाषा' एक सम्पादित ग्रन्थ है जिसमें कर्नाटक के हिन्दी विद्वानों द्वारा लिखे गये लेख पढ़ने को मिलेंगे। कन्नड़ लोगों के लिए रामायण परमप्रिय ग्रन्थ है। बताया जाता है कि यहाँ का पम्पा सरोवर राम-सीता के स्पर्श से पवित्र हुआ है, सुग्रीवांजनेयों का किष्किन्धा कर्नाटक में ही है। इस प्रदेश के सभी भागों में श्रीराम मन्दिर एवं हनुमान मन्दिर छाये हुए हैं। कन्नड़ के लोकगीतों में, कहावतों में, लोकजीवन की विभिन्न उक्तियों में रामायण की ध्वनि प्रतिबिम्बित है। यहाँ के प्राचीन शिलालेखों में रामकथा का उल्लेख मिलता है। यहाँ जैन रामायण की लम्बी पम्परा है जो काफी सत्वपूर्ण है। हिन्दी में तुलसी के 'रामचरितमानस' का जो स्थान है, लगभग वही स्थान कुमार वाल्मीकि के 'तोरवे रागायण' का है। जिस प्रकार तुलसी ने सामान्य लोक-समाज को ध्यान में रखकर अवधी में रामायण लिखी है, उसी प्रकार कुमार वाल्मीकि ने मध्ययुगीन कन्नड़ पाठकों को ध्यान में रखकर 'तोरवे रामायण' लिखी है। कवि ने अनपढ़ एवं सामान्य लोगों को ध्यान में रखकर रचा है। इसी वजह से यह जनसामान्य एवं जीवन्त कृति बन गयी है।

कन्नड़ में रामकथा की भरमार का एक मुख्य कारण रहा है कि कन्नड़ प्रदेश विभिन्न धार्मिक सन्तों की कर्मभूमि रही है। रामानुजाचार्य, मध्वाचार्य एवं शंकराचार्य आदि ने यहाँ अपने मतों का खूब प्रचार किया था और विशेष रूप में आचार्य मध्वाचार्य के वैष्णव मत का खूब प्रचार-प्रसार यहाँ रहा है। इसलिए रामकथा को लोगों की अधिक स्वीकृति मिल गयी और राम पूर्ण रूप से यहाँ के लोकजीवन में घुल-मिल गया है, लोकमानस में समा गया है। यहाँ उल्लेखनीय है कि मध्यकाल के प्रसिद्ध रामकवि बत्तलेश्वर ने रामायण की रचना के मूल में अपना उद्देश्य इस पद में व्यक्त किया है—

> **"सुलिद रंभाफलवनोल्लदे**
> **जळरु मेलुवरे लोहगडलेय**
> **सुलभवह सत्कथेय केळद महिम मूढ़जन।**
> **तिळिवरे गूढ़ार्थ बंधव**
> **नेलवो सांकतिरलि मुनियिंद**
> **तिळिदु लोकवु बदुकलेंदी कथेय रचिसिदेनु।"**

अर्थात् 'क्या लोग केले के बदले लोहे के चने का स्वाद लेंगे? क्या मूढ़ लोग इस सरल कथा को सुने बिना इसके गूढ़ार्थ को कैसे समझेंगे? इस लोक को छोड़कर जाने के समय का आगमन होने पर मुनि ने (वाल्मीकि) इस लोक के लोगों के लिए सुनकर, समझकर जीने के लिए इस रामकथा की रचना कर रहा हूँ।'

इससे स्पष्ट है कि उस मध्य युग में कन्नड़ के रामकवि बत्तलेश्वर तुलसी के जैसे रामायण की

संस्कृति, आदर्श एवं जीवन-पद्धति को लोकभाषा में प्रस्तुत कर प्रचार, प्रसार करना चाहते थे। कन्नड़ के भक्तिकाल में शैव सन्तों ने शैवधर्म, दर्शन का यहाँ खूब प्रचार किया था। इसी तरह वैष्णव कवियों ने रामभक्ति का प्रचुर मात्रा में प्रचार किया था। लेकिन उस युग में कन्नड़-लोकमानस में राम ही एक प्रमुख आराध्य देवता के रूप में विराजमान था। भक्तिकाल से लेकर आज तक कन्नड़ लोकमानस में राम जुड़ा हुआ है। यहाँ निरन्तर रामकाव्य की परम्परा आगे बढ़ रही है। हाल ही में श्री नटराज ने 'सिरिगन्नड गीत रामायण' (2014) नामक महाकाव्य की रचना की है। इसकी विशिष्टता यह है कि कवि ने इस नये युग में अपनी नयी शैली में रामकथा कही है। आधुनिक कन्नड़ के गीत रूप में पूरी कथा आसानी से पढ़ी जा सकती है। यह काव्य बच्चों के लिए भी अनुकूल है।

प्रस्तुत ग्रन्थ में रामकाव्य से सम्बन्धित 11 लेखकों के लेख संकलित हैं। इसमें कन्नड़ के महत्त्वपूर्ण रामकाव्यों को लेकर सामग्री दी गयी है। यहाँ कन्नड़ रामकाव्य-परम्परा का पूरा विकास-क्रम देखा जा सकता है। मेरे इस सम्पादन-कार्य के महत्त्वपूर्ण प्रेरणा स्रोत प्रो. योगेन्द्र प्रताप सिंह जी हैं जिनके आशीर्वाद से मैंने इस कार्य को अपने हाथ में लिया था। प्रो. योगेन्द्र प्रताप सिंह जी ने मुझसे दो-तीन वर्ष पहले कहा था—"कन्नड़ की रामायण-परम्परा काफी समृद्ध रही है। आप तो खुद कन्नड़-भाषी हैं, रामकथा में रुचि लेनेवाले हैं, अपने लेखक मित्रों से, रुचि लेनेवाले विद्वानों से इस विषय पर लेख लिखवा कर सम्पादन कर दीजिए। इससे हमारी भारतीय संस्कृति का प्रचार हो जाएगा।" प्रो. सिंह जी की इन बातों से प्रेरित होकर मैंने अपना कार्य आरम्भ किया। कुछ युवा लेखकों को तैयार किया। उनकी ओर से काफी सहयोग मिला। उनमें अपनी भाषा की सम्पत्ति जानने की अभिलाषा जागी। अन्ततः रामकाव्य पुस्तक तैयार हुई। अब मैं अवश्य कहूँगा कि प्रो. सिंह जी खुद लिखनेवाले बड़े मनीषी ही नहीं हैं, अपितु अन्य लोगों में उत्साह भरकर लिखनेवाले उदार एवं विशाल दिलवाले प्राज्ञ हैं। मैं प्रो. योगेन्द्र प्रताप सिंह जी के प्रति हृदय से आभारी हूँ।

अन्त में अयोध्या शोध-संस्थान के प्रति आभार प्रकट करता हूँ, जो कन्नड़ रामकाव्य को विशेषांक के रूप में प्रकाशित कर रहा है।

आशा है कि रामकथा के सुधी पाठकों को यह पुस्तक रुचिकर लगेगी।

10.12.2014

**प्रो. टी.आर. भट्ट**
'प्रज्ञाश्री', छठा क्रास, कल्याण नगर,
धारवाड़-580007 (कर्नाटक)
मोबाइल : 09449634716

# अनुक्रम

# कन्नड़ रामकाव्य की परम्परा

**प्रो. टी.आर. भट्ट**

भारतीय साहित्य में रामायण एक अमर काव्य है जिसे लेकर कन्नड़ में आदिकाल से आज तक खूब रामायण-ग्रन्थ लिखे गये हैं। दक्षिण की अन्य भाषाओं की अपेक्षा कन्नड़ में रामायण-ग्रन्थ विपुल संख्या में रचे गये हैं और उसने कन्नड़ साहित्य को ही नहीं अपितु यहाँ के लोकजीवन को काफी प्रभावित किया है।

कन्नड़ लोगों का रामायण परम प्रिय ग्रन्थ है। कर्नाटक के कोने-कोने में श्रीराम मन्दिर, हनुमान मन्दिर छाये हुए हैं। कन्नड़ के लोक-साहित्य में, बोलचाल की भाषा में, कहावतों में रामकथा की ध्वनि प्रतिफलित हुई है। 'लक्ष्मण रेखा', 'रावण-संन्यासी', 'कुम्भकर्ण निद्रे' (कुम्भकर्ण की नींद), 'हनुमन्तन बाल' (हनुमान की पूँछ) आदि उक्तियों से कन्नड़ भाषा सम्पन्न बनी है। प्राचीन कन्नड़ शिलालेखों में रामकथा से सम्बन्धित उल्लेख मिलता है। हम्पी (विजयनगर) कर्नाटक का प्रसिद्ध ऐतिहासिक नगर है जहाँ पर 15वीं शती में कई मन्दिर निर्मित किये गये हैं। उनमें एक मन्दिर है 'हजार राम देगुल' (हजार राम मन्दिर)। इस मन्दिर में रामकथा हजारों चित्रों में मन्दिर की दीवार पर चित्रित है। इन चित्रों के माध्यम से बच्चों के लिए रामकथा कही गयी है। वास्तव में हम्पी में पत्थर-पत्थर पर रामकथा देखने को मिलती है। शायद कन्नड़ में रामकथा की भरमार के कारण भक्तियुग के प्रसिद्ध कन्नड़ कवि कुमारव्यास ने अपने 'कुमारव्यास भारत' नामक काव्य के आरम्भ में कहा है–

> **"तिणुकिदनु फणिराय रामायणद**
> **कविगळ भारलि तिंथिणिय रघुवर-**
> **चरितेयलि कालिडलु तेरपिल्ल।"**

अर्थात् "इस भूमि के भार को ढोनेवाला आदिशेष रामायण की रचना करनेवाले असंख्य कवियों के भार से काँप उठा। कन्नड़ में रामचरित कृतियों का समूह इतना है कि यहाँ पैर रखने के लिए जगह नहीं है।" स्पष्ट है कि कवि कुमारव्यास के पहले कन्नड़ में बहुत-से रामायण-ग्रन्थों की रचना हुई होगी। अब वे उपलब्ध नहीं हैं। इसी कारण से कवि कुमारव्यास ने राम-कथा को छोड़कर महाभारत की कथा को लेकर 'कुमारव्यास भारत' नामक महाकाव्य लिखा है।

कन्नड़ में जैन रामायण की परम्परा काफी समृद्ध है। उनमें कई कवियों ने रामकथा को लेकर काव्य लिखे हैं। बाद में अनेक ब्राह्मण कवियों ने रामायण की रचना की है।

कन्नड़ का आदिम ग्रन्थ है 'कविराज मार्ग' (9वीं शती का उत्तरार्द्ध) इसके पूर्व का कोई ग्रन्थ उपलब्ध नहीं है। यह लक्षण-ग्रन्थ के साथ विचारात्मक ग्रन्थ भी है। श्रीविजय इसका रचयिता है। इसमें रामकथा से सम्बन्धित 14 पद्य हैं। उनमें जैन रामायण-परम्परा का संकेत मिलता है। बताया

जाता है कि इसके पूर्व की किसी जैन रामायण से श्रीविजय ने पद्य लिया होगा। इसमें रामकथा का उल्लेख मिलता है—जैसे सीताहरण, राम-रावण युद्ध, राम-हनुम संदर्शन आदि।

**1. 'भुवनैक्य रामाभ्युदय' (सन् 951) :** यह काव्य पोन्न नामक जैन कवि द्वारा विरचित है। यह लौकिक राम काव्य है। बताया जाता है कि कवि ने रामकथा को चौदह आश्वासों में लिखा है। यह ग्रन्थ उपलब्ध नहीं है। केवल उल्लेख मिलता है।

**2. 'चावुंडराय पुराण' (सन् 978) :** इस काव्य के रचयिता जैन कवि चावुंडराय हैं। यह कन्नड़ का आदि गद्य ग्रन्थ है। इसमें गुणभद्र के 'उत्तर पुराण' के अनुसार रामकथा कही गयी है।

**3. 'पम्प रामायण' अथवा 'रामचरित पुराण' (सन् 1140) :** इसके रचयिता हैं कवि नागचन्द्र। यह जैन हैं, जिनभक्त हैं। कन्नड़ में उपलब्ध प्रथम जैन रामायण है। यह नागचन्द्र की सफल कृति है। यह चम्पूकाव्य है। जैन सम्प्रदाय की कथा इसमें है। जैन रामायणों में ही यह उत्तम काव्य है। कवि ने उदात्त कथानक के माध्यम से धर्म का बोधन किया है। यह रामायण वाल्मीकि रामायण से भिन्न है। इन्होंने मूल रामायण से मुख्य कथा को लेकर कई परिवर्तन किये हैं। इन्होंने विमसूरि के 'पउम चरिअ' का अनुसरण किया है।

**4. 'जगन्नाथ विजय' (सन् 1180) :** रुद्रभट्ट नामक कवि ने अपने इस काव्य में रामकथा का बीच-बीच में उल्लेख किया है। कुछ पद्यों में कथा के अंश देखने को मिलते हैं।

**5. 'जीव सम्बोधने' (सन् 1200) :** नामक काव्य में बन्धुवर्म ने रावण की कथा का उल्लेख किया है। यह जैन कवि हैं।

**6. 'कुमुदेन्दु रामायण' (1275) :** कुमुदेन्दु नामक जैन कवि ने यह रामायण लिखी है। इन्होंने जैन सम्प्रदाय के अनुसार रामकथा लिखी है। इनकी कृति पूर्णरूप से उपलब्ध नहीं है। कृति के कुछ भाग प्रकाशित हुए हैं। नागराज नामक जैन कवि ने (सन् 1331) 'पुण्यास्रव' नामक चम्पूकाव्य लिखा है जो संस्कृत से अनूदित कृति है। इसमें कवि ने गुणभद्र के 'उत्तर पुराण' का अनुसरण किया है। इसमें कथा की अपेक्षा तत्त्व निरूपण को महत्त्व दिया गया है।

**7. 'तोरवे रामायण' (सन् 1500) :** इसके कवि हैं कुमार वाल्मीकि। इन्होंने वाल्मीकि रामायण के पूरे छह सर्गों को पहली बार कन्नड़ में प्रस्तुत किया है। यह वाल्मीकि रामायण का संग्रह होने पर भी इसमें भागवत की दृष्टि का प्रभाव है। मूल कथा में थोड़ा-सा परिवर्तन है ही। यह एक दृष्टि से अध्यात्म रामायण के नमूने पर लिखा गया वाच्यार्थ-प्रधान काव्य है। कथावस्तु की दृष्टि से वाल्मीकि, रीति की दृष्टि से कन्नड़ कवि कुमारव्यास और तत्त्व की दृष्टि से मध्वाचार्य के प्रति कुमारवाल्मीकि ऋणी हैं।

**8. 'कौशिक रामायण' (सन् 1500) :** कवि बत्तलेश्वर ने वाल्मीकि रामायण को आधार मानकर अपनी ओर से कुछ प्रसंगों को जोड़कर 'कौशिक रामायण' लिखी है। यह जाति से ब्राह्मण हैं। यह बताया जाता है कि कुमारवाल्मीकि की 'तोरवे रामायण' का प्रभाव पर्याप्त रूप में इस पर पड़ा है। कवि ने सहज सुन्दर नाटकीय शैली में इस काव्य की रचना की है, जिससे काव्य में जीवनी-शक्ति आ गयी है।

**9. 'रामविजय काव्य' (सन् 1525) :** यह जैन काव्य है। इसके कवि हैं—मित्रदेवप्प। जैन कथा के अनुसार रामकथा निरूपित है। यह काव्य सांगत्य में है। इसका प्रकाशन नहीं हुआ है। केवल हस्तलिखित प्रति मिलती है। इसकी प्रति भी अधूरी है। इन्होंने अपने पूर्व के कई कन्नड़ कवियों की स्तुति की है।

**10. 'उत्तर रामायण' (सन् 1600) :** इस काव्य-कृति के कवि हैं नारायण। इन्होंने कवि कुमारव्यास की स्तुति की है साथ ही वाल्मीकि, व्यास, कालिदास की स्तुति की है। इस काव्य में 2036 पद्य हैं। भामिनी षट्पदी में यह काव्य रचित है। आरम्भ में शिव, सरस्वती, गणपति की स्तुति की है।

**11. 'अद्वैत रामायण' (सन् 1650) :** इस काव्य के कवि हैं—निजगुणार्य। यह वीरशैव कवि हैं। कहीं भी स्पष्ट रूप से अपना नाम नहीं बताया है। लेकिन ग्रन्थ के कुछ भागों में इस नाम का संकेत

मिलता है। यह कृति पूर्णरूप से नहीं मिली है। यह अद्वैत रामायण वचन ग्रन्थ है। इसकी अधूरी प्रति में यह उल्लेख मिलता है कि इसमें 933 पद्य हैं।

**12. 'उत्तर रामायण'** (1650) : योगीन्द्र नामक कवि ने इस काव्य की रचना की है। यह ब्राह्मण कवि हैं। उन्होंने कहा है कि वाल्मीकि की विस्तृत-कथा को कन्नड़ में कह रहा हूँ। इसमें संस्कृत रामायण के उत्तर कांड की कथा पूर्ण रूप से कही गयी है।

**13. 'उत्तर रामायण'** (1612) : इस काव्य के कवि का नाम है—नरसप्पा। इसकी हस्तलिखित प्रति अधूरी है। यह काव्य भामिनी षट्पदी में है।

**14. 'मूलक रामायण'** (1600) : यह भामिनी षट्पदी में लिखित है। इसमें 369 पद्य हैं। यह उत्तम कोटि का काव्य नहीं है। केवल कथा पद्य में है। इस काव्य के लेखक के बारे में पता नहीं चलता। कवि ने अपने काल का उल्लेख भी नहीं किया है और किसी देवता की भी स्तुति नहीं की है।

**15. 'उत्तर रामायण'** (1650) : इसके कृतिकार तिरुमले वैद्य नामक कवि हैं। जाति से यह ब्राह्मण हैं। इन्होंने केवल वाल्मीकि की स्तुति की है। इस ग्रन्थ में 1010 पद्य हैं। यह एक सामान्य कोटि का काव्य है।

**16. 'रामचन्द्र चरित्रे'** (1700) : इस कृति के कवि हैं चन्द्रशेखर। यह सांगत्य-ग्रन्थ है। इसमें 5268 पद्य हैं। यह जैन कवि हैं। बताया जाता है कि यह कवि लक्ष्मण बंगराज के दरबार के कवि थे। इसकी कथा भी जैन सम्प्रदाय की है।

**17. 'मार्कंडेय रामायण'** (1650) : इस काव्य के रचयिता हैं—तिम्मरस। यह ब्राह्मण कवि हैं। भारद्वाज गोत्र के हैं। इन्होंने अपना ग्रन्थ यदुगिरि (मेलुकोटे) नारायण देवता के नाम से लिखा है। यह काव्य वार्द्धक षट्पदी में है। इसकी प्रति अधूरी है, जिसमें 1500 पद्य देखने को मिलते हैं।

**18. 'शंकर रामायण'** (1721) : इस काव्य के रचयिता के बारे में मतभेद है। तिम्मण्ण नामक कवि का नाम देखने को मिलता है। इन्होंने बादरायण, कालिदास, वाल्मीकि, दण्डी, बाण, धनंजय आदि की स्तुति की है। इसमें 3300 पद्य हैं। नये ढंग से काण्डों का विभाजन किया है।

**19. 'अध्यात्म रामायण'** (1700-1750) : यह काव्य भामिनी षद्पदी में रचित है। इसके कवि हैं शंकरनारायण। इसमें 2052 पद्य हैं। कवि ने वाल्मीकि रामायण को कन्नड़ में रखा है। कथा विवेचन में कोई अन्तर नहीं है। इन्होंने वाल्मीकि को छोड़कर और किसी की स्तुति नहीं की है।

**20. 'मूलबल रामायण'** (1750) : इस काव्य के रचयिता हरिदास नामक माध्व कवि हैं। यह काव्य भामिनी षद्पदी छन्द में रचित है। इसमें 726 पद्य हैं। इसमें कवि ने सरस्वती, गणपति, मध्वाचार्य की स्तुति की है। यह एक सामान्य काव्य-कृति है।

**21. 'श्रीमद्रामायण अथवा रामकथाभ्युदय'** (1770) : इस काव्य के रचयिता हैं वेंकामात्य। यह काव्य वार्धक षट्पदी में है। इसमें 1765 पद्य हैं। यह एक बृहत् ग्रन्थ है। इसकी कथा वर्णनात्मक और विस्तारपूर्वक है। बताया जाता है कि यह कवि हैदरलि के यहाँ मन्त्री भी थे। इन्होंने भास, बाण, मयूर, दण्डी, कालिदास और कन्नड़ के हरीश्वर, रुद्रभट्ट का स्मरण किया है।

**22. तिरुमलेश चरिते** : इसमें कवि के काल और नाम का स्पष्ट उल्लेख नहीं मिलता। पद्य के अन्त में तिरुमलाधीश नाम अंकित है। इसकी उपलब्ध हस्तलिखित प्रति अधूरी है। इसमें रामावतार की कथा है।

**23. 'वरदविट्ठल रामायण'** (1751) : इसके रचयिता के सम्बन्ध में विवाद है। यह भामिनी षट्पदी में रचित है। इसमें 3382 पद्य हैं। इसमें रामायण की कथा कही गयी है। इस ग्रन्थ में कवि

ने अपना नाम नहीं बताया है। अनुमान किया जाता है कि वरदविट्ठल ही इसका कवि होगा। यह ब्राह्मण कवि हैं।

**24. 'रामकथावतार'** (1770-1841) : इस काव्य के रचयिता हैं देवचन्द्र। यह जैन कवि हैं। यह काव्य चम्पू शैली में है। इसमें 'रामचरित पुराण' की कथा ही विस्तार से कही गयी है। इसी ग्रन्थ से कई पद्य अनूदित भी हैं।

**25. 'जिन रामायण'** (1810) : इस काव्य के रचयिता हैं—चन्द्रसागरवर्णि नामक जैन कवि। इनके गुरु लक्ष्मीसेन हैं। इन्होंने इस रामकाव्य के अलावा कदम्बपुराण, जिनमुनि, जिन भक्तिसार आदि ग्रन्थ लिखे हैं। इस काव्य में 5021 पद्य हैं। कथा का निरूपण जैन परम्परा के अनुसार है। इसमें कथा विस्तार से कही गयी है और काव्य-प्रौढ़िमा, चमत्कार का अभाव है।

**26. 'अध्यात्म रामायण'** (1774-1868) : यह गद्य ग्रन्थ है। इसमें सात काण्ड और 65 सर्ग हैं। ग्रन्थ के आरम्भ में मैसूर राजा का उल्लेख है। इसके रचयिता हैं—मुम्मडि कृष्णराज। इसकी प्रति उपलब्ध नहीं है।

**27. 'अद्भुत रामायण'** (1894) : इसके लेखक हैं—नन्दळिके लक्ष्मीनारायणप्प। इनका काव्य 'मुद्दण' है। इसकी कथा संस्कृत की अद्भुत रामायण की ही कथा है। यह गद्य में रचित है।

**28. 'रामाश्वमेध'** (1870-1900) : इस ग्रन्थ के लेखक मुद्दण ही हैं। यह भी गद्य में है। अश्वमेध यज्ञ की कथा को लेखक ने मनोरमा के सरस संवाद के साथ सुन्दर ढंग से चित्रित किया है।

**29. 'श्रीराम पट्टाभिषेक'** नामक काव्य को कवि मुद्दण ने ही रचा है।

**30. 'कर्नाटक रामायण संग्रह' (सन् 1919)** : इस काव्य के रचयिता हैं श्री लिंगराज अरस। यह काव्य भामिनी षट्पदी में है। कवि ने रामायण की कथा सरल शैली में लिखी है। इसमें 11 सन्धि हैं।

**31. 'शेष रामायण'** (1927) : इस काव्य के रचयिता हैं—सोसले अय्याशास्त्री। यह मैसूर के महाराजा राजेन्द्र ओडेयर के दरबार में थे। इन्होंने उत्तररामायण के रामाश्वमेध की कथा को वार्धक षट्पदी में प्रस्तुत किया है। इसमें कुल 1340 पद्य हैं।

कन्नड़ में दास कवियों की परम्परा समृद्ध है। इसमें अनेक कवि राम के परम भक्त थे। दास साहित्य में रामकीर्तन को विशिष्ट स्थान है। पुरन्दरदास के 'राम-मंत्रव जपिसो' (राम मंत्र का जप करो) नामक कीर्तन बहुत जनप्रिय है। इनके पदों में वाल्मीकि की कथा का संकेत है। राम नाम के दो अक्षरों में जो महिमा है उसे दास कवियों ने गाया है। कनकदास (1550) नामक भक्त कवि ने 'रामधान्य चरित्रे' नाम से रामकाव्य लिखा है, जिसमें राम की कथा संक्षेप में कही गयी है। सन् 1750 के करीब कन्नड़ की प्रसिद्ध कवयित्री हेळवनकट्टे गिरियम्मा ने 'सीता कल्याण' शीर्षक काव्य गेय-गीतों में लिखा है। सन् 1770 के करीब वेंकामात्य नामक कवि ने वाल्मीकि का अनुसरण कर वार्धक षट्पदी में रामायण की रचना की है। मुख्य कथा, घटना, पात्र, चरित्र-चित्रण में कवि की कोई विशिष्टता नहीं है। भाषा की दृष्टि से यह एक विशिष्ट कृति है। सन् 1800 के करीब देवचन्द्र नामक जैन कवि ने 'रामकथावतार' नामक चम्पू काव्य लिखा है।

उन्नीसवीं सदी में कन्नड़ में रामायण साहित्य की खूब रचना हुई है। करीब सौ से भी अधिक छोटे-बड़े रामायण ग्रन्थों की रचना हुई है। इसी तरह बीसवीं सदी में करीब 150 रामकथा सम्बन्धी रचना हुई है। बीसवीं सदी में मास्ति वेंकटेश अय्यंगार ने 'रामाश्वमेध', 'रामनवमी' और राष्ट्रकवि कुवेंपु ने 'श्रीरामायण दर्शनम्', वीरप्पा मोयिली ने 'श्रीरामायण महान्वेषणम्' नामक महाकाव्य की रचना की है।

रामकाव्य के निर्माण में यक्षगान लोकनाट्य का महत्त्वपूर्ण योगदान रहा है। यक्षगान के आदिकवि पार्तिसुब्ब का 'सीताकल्याण', 'वालिवधे', 'विभीषणनीति' आदि कथा-प्रसंग काफी जनप्रिय रहे हैं। यक्षगान के प्रेमियों की रुचि के कारण रामायण के कई कथा-प्रसंग दृश्य और श्रव्य माध्यम में आ गये हैं। आज भी कर्नाटक के तटवर्ती जिलों में यक्षगान नाट्य खूब खेले जाते हैं। रामकथा पर आधारित 70 से अधिक कथा-प्रसंग लिखे गये हैं और वे प्रकाशित भी हुए हैं।

आधुनिक कन्नड़ में संस्कृत से लेकर अन्य भाषाओं के कई रामायण ग्रन्थ अनूदित हुए हैं। इनमें गद्यानुवाद एवं पद्यानुवाद भी हैं। मुख्य रूप से 'वाल्मीकि रामायण' के कई कन्नड़ अनुवाद हुए हैं। अन्य रामायणों में अध्यात्म रामायण, अद्‍भुत रामायण और तुलसी रामायण प्रमुख हैं। करीब सात-आठ विद्वानों ने तुलसी के 'मानस' का अनुवाद गद्य और पद्य दोनों में किया है। इस अनुवाद-कार्य से स्पष्ट होता है कि कन्नड़ वासियों में रामकथा के प्रति कितनी श्रद्धा एवं प्रेम है। रामकथा को लेकर कन्नड़ में स्वतंत्र नाटक, गीतरूपक खूब संख्या में प्रकट हुए हैं और कई ऐसे नाटकों का मंचन भी हुआ है। रामकथा को लेकर आधुनिक कन्नड़ में उपन्यासों की रचना भी हुई है। सत्यकाम का 'राजबलि', के.एस. नारायणाचार्य का 'श्री रामावतार सम्पूर्णवादाग' आदि प्रसिद्ध हैं।

कन्नड़ के कुछ कवियों ने रामायण के कुछ भागों का उपयोग कर सुन्दर गीतों की रचना की है। वी. सीतारामय्या ने 'कादिरुवळु शबरि' (इन्तजार कर रही है शबरी) नामक सुन्दर गीत की रचना की है।

कन्नड़ के लोकगीतों पर भी 'रामायण' का काफी प्रभाव है। एक लोकगीत में कहा जाता है कि इस घर में राम के जैसे बेटे का आगमन हो, सीता के जैसी बहू का आगमन हो। समाज में व्यक्ति के नामों में राम, सीता, लक्ष्मण, हनुमन्त आदि के पर्यायवाची नाम अधिक संख्या में प्रचलित हैं। कई जगह औरतों को हनुमि (हनुमान का स्त्रीवाचक) नाम भी रखा गया है।

कन्नड़ की एक बोली है 'तुळु'। इस बोली में रामकाव्य लिखे गये हैं। तुळु यक्षगान खेल के कई प्रसंग रचे गये हैं। 'तुळु पंचपटि', 'रावण चरिते' आदि। मंदार केशव भट्ट ने 'मंदार रामायण' (1987) तुळु भाषा में लिखी है। यह 20 सर्गों से युक्त एक सुन्दर महाकाव्य है। कन्नड़ की और एक बोली है हविगन्नड जिसमें भी रामकथा को लेकर काव्य की रचना हुई है।

इस प्रकार कन्नड़ की रामकाव्य-परम्परा भारतीय भाषाओं में ही अत्यन्त समृद्ध रही है। संख्या की दृष्टि से रामकथा पर आधारित काव्य यहाँ खूब रचे गये हैं। कारण यही है कि कर्नाटक कई धर्मों के सन्तों की भूमि रही है। विशेष रूप से यहाँ वैष्णव आचार्यों ने (मध्वाचार्य, रामानुजाचार्य, शंकराचार्य) समाज को खूब प्रभावित किया है। इसीलिए भक्ति-युग में यहाँ एक ऐसा सांस्कृतिक परिवेश बन गया था जिसके कारण अनेक भक्त कवियों ने यहाँ रामकथा का खूब प्रचार किया है।

इक्कीसवीं सदी में भी कर्नाटक में राम की लोकप्रियता घटी नहीं है। लोगों के बीच में रामकथा के प्रचार-कार्य आज मठवाले (धार्मिक सन्तों के मठ) प्रवचन, नृत्य एवं संगीत के माध्यम से कर रहे हैं। समाज के गिरते हुए जीवन-मूल्य, नैतिक आदर्श की पुनः स्थापना के लिए यहाँ के स्वामी-समाज (धार्मिक सन्त लोग) का यह कार्य सहायक सिद्ध होगा।

# नागचन्द्र कृत 'पम्परामायण'

**डॉ. श्रीधर हेगड़े**

संस्कृत साहित्य में आदि-काव्य के रूप में 'वाल्मीकि रामायण' का नाम लिया जाता है। इसके अतिरिक्त और भी रामायण हैं, जैसे–अद्भुत रामायण, अध्यात्म रामायण, वासिष्ठ रामायण और शेष रामायण आदि। बौद्धों की रामायण 'जातक कथाओं' में (दशरथ जातक) रावण का पात्र ही नहीं है।[1]

इसी प्रकार कन्नड़ साहित्य में जैन साहित्य की परम्परा भी रही है। कन्नड़ काव्य के इतिहास में नागचन्द्र का नाम अमर है। कन्नड़ साहित्य में पम्प (सन् 914) और नागचन्द्र (लगभग सन् 1100) के नाम राम-कथा के सन्दर्भ में उल्लेखनीय हैं। नागचन्द्र का समय, स्थान तथा कृतियों के बारे में यह कहा जा सकता है कि उसका समय 11वीं सदी का उत्तरार्ध है एवं इनके गाँव का नाम है कुणिलंगेरे जो बत्त ग्राम में स्थित है। यह जिला बीजापुर (विजयपुर) के जेवर्गि तहसील में पड़ता है। नागचन्द्र चक्रवर्ती कल्याण चालुक्य 6वाँ विक्रमादित्य का पुत्र मल्लिकार्जुन के पास राज-सेवा में निरत था। यह कहा जाता है कि नागचन्द्र ने विजयपुर में मल्लिनाथ बसदि का निर्माण किया था।

प्राप्त साहित्य के आधार पर पम्प 'भारत' का पहला कवि है तो नागचन्द्र पहला 'रामायण' का कवि है। इन्होंने जैन धर्म को आधार बना कर अपनी कृतियों की रचना की है। परन्तु इन दोनों कवियों ने वैदिक ग्रन्थों को आधार बनाकर अपनी रचना की है। नागचन्द्र ने अपने आप को 'अभिनव पम्प' नाम से सम्बोधित किया है। यह नागचन्द्र का उपनाम (काव्य नाम) भी है। इसके साथ उनकी 'भारती कर्णपूर', 'कविता मनोहर', 'चतुर कविराजनास्थान प्रदीप', 'चतुर विद्याधर', 'साहित्य सर्वज्ञ', 'साहित्य विद्याधर' एवं 'सूक्ति मुक्ता वसन्त' आदि उपाधियाँ भी थीं।

पम्प ने 'महाभारत' की कथा को आधार बनाकर काव्य की रचना की है। इसी प्रकार अभिनव पम्प (नागचन्द्र) भी राम की कथा को 'पिरिदेनिसिर्द रामकथेयं किरिदागि' (बहुत बड़ी राम कथा को संक्षेप में) कहने में सफल हुआ है। नागचन्द्र ने इस काव्य की रचना करते समय वाल्मीकि की 'रामायण' कृति, विमलसूरि की 'पउमचरिय', रविषेण की 'पद्म पुराण' (अथवा महा रामायण) को मूल प्रेरणा के रूप में ग्रहण किया है। फिर भी नागचन्द्र की 'पम्प रामायण' (रामचन्द्र चरित पुराण) काव्य कन्नड़ साहित्य के इतिहास में अपूर्व काव्य है। अतः नागचन्द्र को 'सरस्वती कुडल वरमं पडेद' (सरस्वती से वर प्राप्त किया हुआ) कवि कहा जाता है।

नागचन्द्र के समय, स्थान और कृतियों के बारे में विद्वानों में एक मत नहीं है। नागचन्द्र द्वारा रचित कुल कृतियाँ इस प्रकार हैं, जैसे–

---

1. (The Jataka (Tr. Rouse) Vol.-IV, 78-82)

1. मल्लिनाथ पुराण
2. रामचन्द्र चरित पुराण
3. जिनमुनितनय
4. योगामृत
5. कामन काळग (काम का युद्ध)

इनमें केवल 'मल्लिनाथ पुराण' और 'रामचन्द्र चरित पुराण' इनकी रचना है।[1]

नागचन्द्र के काव्य की विशेषताओं के बारे में कमलवल्लभ ने 'शान्तीश्वर पुराण' में, पद्म कवि ने 'वर्धमान चरित' में, जन्म कवि ने 'अनन्तनाथ पुराण' में उल्लेख किया है। "नागचन्द्र ने 'रामायण' की कथा में निहित महाखलनायक के व्यक्तित्व का उदात्तीकरण कर रामायण का विस्तार किया है।"[2]

नागचन्द्र ने एक ओर वाल्मीकि की रामायण तथा विमलसूरि के 'पउमचरिय' को मूल स्रोत के रूप में अपनाकर काव्य की रचना की है। जिस प्रकार पम्प की 'विक्रमार्जुन विजय' कृति 'पम्प भारत' के रूप में प्रसिद्ध है, उसी प्रकार नागचन्द्र की कृति 'पम्प रामायण' के रूप में कन्नड़ साहित्य में सुप्रसिद्ध है।

कन्नड़ साहित्य में रामकथा प्रमुख रूप में तीन धाराओं में बहती है, जैसे–

1. वैदिक
2. जैन एवं
3. बौद्ध

नागचन्द्र जैन कवि हैं, इसलिए उन्होंने जैन विचारधारा को मूल स्रोत के रूप में अपनाकर 'रामायण' की रचना की है। इस कथा के अनुसार दशरथ अनरण्य नामक सूर्य वंश का राजा है। रावण से हार कर विनीतापुर के सहस्रकिरण दीक्षा लेने की बात सुनकर वह भी उससे प्रभावित होकर दशरथ एक महीने के बालक राम को राजा का पद प्रदान कर वह स्वयं दीक्षा ले लेता है।

कालक्रम में दशरथ अपराजिता, सौमित्रा और सुप्रभा से विवाह करता है। दाशरथि से रावण का वध होगा इस प्रकार की भविष्यवाणी सुनकर विभीषण के अनुचर समस्या का मूल कारण जो दशरथ है, उसी को मारने के लिए आगे बढ़ते हैं। उस समय नारद की सावधानी से कृत्रिम मूर्ति का सिर काट कर ले जाते हैं। उस समय गुप्त वेश धारण कर विचरण कर रहे दाशरथि कैकेयी के स्वयंवर में भाग लेते हैं वहाँ कैकेयी दशरथ को अपनाती है। तब क्रोधित राजाओं को रोकने में कैकेयी मदद करती है। इसके फलस्वरूप उनसे वर लेती है। इन रानियों से राम, लक्ष्मण, शत्रुघ्न और भरत का जन्म हुआ।

इस तरफ जनक राजा को प्रभामण्डल तथा सीता नामक बच्चे पैदा होते हैं। प्रभामण्डल जिसका पूर्वजन्म का द्वेषी वियच्छ द्वारा अपहरण होता है। वह इन्दुगति नाम से दूसरे राजा के पास बढ़ रहा था। जब किरातों का आक्रमण हुआ था उस समय दशरथ के पुत्र, राम-लक्ष्मण में सीता राम से स्वयंवर की पद्धति के अनुसार शादी करती है। तब राम के राज पद की बात उठती तो कैकेयी उसका विरोध करती है। बाद में राम के साथ सीता और लक्ष्मण वनवास में रहते समय अनजाने ही

---

1. प्रो. डी. एल. नरसिंहाचार, पम्परामायण संग्रह, भूमिका पृ. 5-6 (पाँचवाँ मुद्रण-1980)
2. वही।

लक्ष्मण चन्द्रनखी के पुत्र शम्भु का सिर काट लेता है। इसका प्रतिशोध लेने के लिए आयी चन्द्रनखी मोह से राम या लक्ष्मण इन दोनों में किसी एक से शादी करने की बात सुनकर सीता हँसती है। इससे भ्रमभंग हुआ चन्द्रनखी की सहायता के लिए खर नामक असुर आता है, तब उनकी सहायता के लिए रावण भी आता है। रावण सीता को देखकर मोहित होता है। सीता को राम से अलग करने के लिए वैकुर्वण की शक्ति से अवलोकिनी नामक विद्यादेवता से बनाया गया सिंहनाद सुनकर लक्ष्मण की रक्षा करने हेतु राम जाते हैं।

वहाँ जाने से पहले सीता की रक्षा के लिए जटायु को रखकर जाते हैं। रावण जटायु का वध करके, सीता का अपहरण करके, विमान से उड़कर उसको लंका में रखता है। लेकिन सीता उस पर मोहित नहीं हुई।

सुग्रीव के दोस्त हनुमान के माध्यम से सीता का पता लगा कर राम लक्ष्मण बहुत बड़ी सेना के साथ रावण पर आक्रमण करते हैं। भयंकर युद्ध के बाद लक्ष्मण के द्वारा रावण की हत्या होती है। इसके बाद वे सब अयोध्या लौटते हैं। सीता के बारे में समाज में शंका जागने पर राम सीता को जिन-मन्दिर की पूजा के बहाने जंगल ले जाकर, वहीं पर छोड़ कर आता है। बाद में बज्रजंघ नामक

राजकुम से उसके बारे में जान कर वह विश्वास दिलाता है और उसे बहिन के रूप में स्वीकार करता है। बाद में उसको पुंडरीकिणीपुर जाकर सीता की सेवा करने के लिए अपनी पुत्री की नियुक्ति करता है। सीता वहीं पर लवकुश को जन्म देती है। बाद में लवकुश अपनी माता का अपमान और शोषण के विचार नारद जी द्वारा जानते हैं। बाद में वे दोनों राम लक्ष्मण को हरा देते हैं। राम तब खुश होता है कि जिन्होंने अपने को हराया वे दोनों अपने ही पुत्र हैं। बाद में सीता अग्नि प्रवेश द्वारा अपनी ईमानदारी का प्रमाण देती है। वह जैन दीक्षा लेती है। आगे लक्ष्मण की मृत्यु के बाद राम विचलित होता है। राम छह महीनों तक उसकी लाश को उठाकर घूमता रहता है, राम विकलता से छुटकारा पाने के बाद वह जैन दीक्षा को पाकर भट्टारक बन कर मुक्ति पाता है। इनके साथ ही अन्य लोग भी दीक्षाबद्ध हो जाते हैं।

यहाँ पर विष्णु का अवतार नहीं है, बल्कि वह आठवाँ बलदेव है तथा रावण प्रतिवासुदेव है। रावण परांगना विरति का व्रत करता है, लेकिन काल के प्रवाह में वह सीता से मोहित हो जाता है। रावण वध वासुदेव लक्ष्मण ही करता है।

इस प्रकार इस काव्य में जैन धर्म विचारधारा के अनुरूप बहुत परिवर्तन कराने के बाद रामायण की रचना की गयी है। अनेक गौण पात्र एवं प्रसंग को छोड़ दिया गया है। इसमें अनेक पात्रों के नाम भी बदल दिये गये हैं। इस कृति में नागचन्द्र विमलसूरि या रविषेण का ज्यों का त्यों अनुसरण न कर अपनी विचारधारा के अनुरूप कथा को प्रस्तुत किया है। नागचन्द्र की इस कृति में अनेक महत्त्वपूर्ण प्रसंग हैं फिर भी इन सबमें विशेष रूप से 'सीतापहरण' एवं 'रावण का मनः-परिवर्तन' नामक कथा-प्रसंग उल्लेखनीय हैं।

इन कारणों से नागचन्द्र रचित 'पम्प रामायण' कन्नड़ साहित्य में अपूर्व तथा विशिष्ट बन गयी है।

# कुमुदेन्दु रामायण* : एक विश्लेषण

श्री संगमेश नानन्नवर

## भूमिका

भारत में रामायण से सम्बन्धित अनेक सम्प्रदाय, कथाएँ प्रचलित हैं। इनमें जैन परम्परा की रामायण का विशेष स्थान है। प्राकृत भाषा में विमलसूरि द्वारा लिखित 'पउमचरित' (ई.सन् 1) और रविषेण का 'पद्मपुराण' (ई.सन् 2) अत्यन्त प्राचीन ग्रन्थ हैं। अब तक प्राप्त कन्नड़ काव्यों में अत्यन्त प्राचीन रामायणों में पम्प/नागचन्द्र (11वीं शताब्दी के अन्त और 12वीं शताब्दी) के 'रामचन्द्रचरितपुराण' अथवा 'पम्परामायण' ही प्रमुख माना जाता है। उसी प्रकार कुछ विद्वानों का मानना है कि सन् 975 में जीवित पोन्न ने भी 'भुवनैकरामाभ्युदय' लिखा होगा लेकिन यह जैन परम्परा की रामायण है इसके लिए कोई आधार नहीं है। अतः कह सकते हैं कि 'पम्परामायण' ही कन्नड़ की जैन साहित्य-परम्परा का प्राचीन ग्रन्थ है। पम्प की इस परम्परा को आगे बढ़ानेवालों में कुमुदेन्दु, देवप्पकवि, देवचन्द्र, चन्द्र सागरवर्णि आदि प्रमुख हैं।

पम्प के बाद जैन रामायण की परम्परा को अपनानेवालों में कुमुदेन्दु ही प्रमुख हैं जिन्होंने 'कुमुदेन्दु रामायण' की रचना की। 'कुमुदेन्दु रामायण' कई दृष्टियों से अपना ही महत्त्व रखती है। यह वर्णिक काव्य, चार प्रकार की षट्पदियों में लिखित ग्रन्थ है। कवि राघवांक के बाद यही एक कवि है जिसने इतनी षट्पदियों का प्रयोग किया। षट्पदियों की और काव्यरचना दृष्टि से भी 'कुमुदेन्दु रामायण' का अपना ही महत्त्व है।

## कवि के विचार

कुमुदेन्दु ने अपने बारे में कहीं भी उल्लेख नहीं किया है। फिर भी अपने माता-पिता, चाचा, गुरु और गुरु परम्परा के बारे में श्रद्धा से काव्य के आरम्भ में स्तुति करते हैं। मेरे पिता पद्मनंदीवृति "साहित्यकुमुदवनचन्द्र, चतुर्विध पाण्डित्य कलाशतदल विकसन दिनमणि, वादिधराधरकुलिश" कहकर उनके प्रति गौरव रागर्पित करते हैं। माता का नाम कामूंबिका और इनके चाचा अर्हनंदिवृति भी महान पण्डित थे। माना जाता है कि कुमुदेन्दु भी पण्डित होंगे। उन्हें परवादिगिरिवज्र, वादिगजकेसरी, वादिभाललोचन, वादिधराधरकुलिश, कविराजशिखमणि, सरसकवितिलक, सरसकविमुखतिलक आदि उपाधियाँ प्राप्त थीं। कुमुदेन्दु पर गुणवर्ण, जयवर्म, गजग, गुणनंदी, नयवर्म, पम्प, पोन्न, रन्न, जन्न, आदि कन्नड़ कवियों का प्रभाव था। कुमुदेन्दु ने स्वयं को 'कुमुदेन्दु मुनीश्वर', 'कुमुदेन्दु ब्रतपति' कहा

* कुमुदेन्दु कवि विरचित कुमुदेन्दु रामायण—हंप. नागराजय्य।

है। कुमुदेन्दु ने कवि जन्न की स्तुति की है। इसी से लगता है कि वे सन् 1230 के बाद के हैं।

'कुमुदेन्दु रामायण' पर 'पम्परामायण' का प्रभाव स्पष्ट रूप से दिखायी देने पर भी अपनी कुछ विशेषताओं के कारण कन्नड़ साहित्य में इस काव्य का अपना ही महत्त्व है। इस काव्य में राम-रावण के युद्ध के बाद राम फिर अयोध्या आकर राज्यभार करने तक की कथावस्तु मात्र है। प्रो. कुन्दणगार के अनुसार काव्य पूर्ण होने से पहले ही कुमुदेन्दु का निधन हुआ होगा। (कुमुदेन्दु रामायण, पूर्वभाग 1936, पीठिका–पृ. सं.–8-9) यह भी अनुमान लगाया जाता है कि राम-रावण युद्ध प्रमुख घटना होने के कारण कवि ने आगे लिखना उचित नहीं समझा होगा। लेकिन कई विद्वान प्रो. कुंदणगार के मत को ही स्वीकार करते हैं।

## 'कुमुदेन्दु रामायण' का कथासार

पाताल-मध्य ऊर्ध्वलोकों के मध्यलोक के बीच में मेरु पर्वत है और उसके दक्षिण में भरतक्षेत्र का आर्याखण्ड। वहाँ गंगा, सिन्धु आदि पवित्र नदियाँ बहती हैं। रजत पर्वत है। वहाँ कोसल देश बहुत ही सुन्दर है और उस कोसल की राजधानी अयोध्या है। इक्ष्वाकु वंश के राजा नाभिराज, दिलीप,

विजयरथ पुरंदरुकीर्तिधर, सुकोशल, हिरण्यगर्भ, सौंदर, सिंहरथ, ब्रह्मरथ, चतुर्मुख, हेमरथ, इन्दुरथ, भानुरथ, मय, मान्धात, वीरसेन कलबन्धु, वसन्ततिलक, कुबेरदत्त, दमन, द्विपरथ, हिरण्यकशिपु, अर्करथ, रघुवीर आदि राजाओं ने शासन किया था। इनमें अनरण्य के दो पुत्र थे अनन्तरथ और दशरथ।

दशरथ के तीन पत्नियाँ थीं—अपराजिता, सुमित्रा और सुप्रभा। एक बार नारदजी ने दशरथ के पास आकर कहा था कि—लंकाधीश दशवदन को सागरबुद्धि के माध्यम से पता चलता है कि जानकी से दशरथनन्दन दशवदन का संहार होगा। यह सुनते ही दशवदन दशरथ की हत्या करने की योजना बनाता है। इस विषय को जनक महाराज को बताने के लिए नारद जाते हैं।

मंगलपुर में राजकुमारी कैकेयी के स्वयंवर का आयोजन किया गया था। दशरथ और जनक महाराज ने उसमें भाग लिया था और कैकेयी ने दशरथ को वरण किया। एक युद्ध में दशरथ के सारथी के गिर जाने से उसका रथ शिथिल होता है। ऐसे सन्दर्भ में कैकेयी सारथी की भूमिका निभाती है। इससे प्रसन्न होकर दशरथ कैकेयी को वर माँगने के लिए कहता है। कैकेयी कहती है कि समय आने पर माँगूँगी। कुछ समय के बाद अपराजिता ने राम को और सुमित्रा, कैकेयी और सुप्रभे लक्ष्मण, भरत और शत्रुघ्न को जन्म देती हैं। एक दिन जनकराज का दूत आकर दशरथ से मिथिला में घटित घटनाओं का वर्णन करता है। जनकराज की पत्नी वैदेही ने जुड़वे बच्चों को जन्म दिया था। गन्धर्व उसमें से बालक को उठाकर ले गया। तब कोई आकर कहता है कि अपहृत बालक आगे खेचेश्वर बनकर आपसे मिलेगा और जो दूसरी लड़की हुई थी वही सीता है। सीता अब युवावस्था में पहुँच गयी है। उसका विवाह राम से करने की योजना जनक कर रहे थे कि उसी समय किरात ने जनक पर युद्ध छेड़ा। इस विषय को सुनते ही राम-लक्ष्मण सहायता करने निकले। राम-लक्ष्मण के नाम सुनते ही शत्रु लोग भाग गये। सीता स्वयंवर में राम धनुष के पास जाते ही वहाँ के सर्प पीछे हट गये, उस धनुष को टंकार किया। राम ने सीता का वरण किया तो लक्ष्मण ने जनकराजा के मित्र चन्द्रप्रभ की अठारह राजकुमारियों को वरण किया। कनक की बेटियाँ उर्मिला, कनकप्रभाओं का वरण भरत ने किया।

एक दिन दशरथ राम को बुलाकर उन्हें अपने जिनदीक्षा लेने के बारे में और राम को राजसिंहासन देने के बारे में कहते हैं। इस बात को सुनने के बाद भरत भी पिता के मार्ग को अपनाना चाहता है। दशरथ से इस विषय को सुनने के बाद कैकेयी चिन्ता मग्न होती है। और उसी समय दशरथ के दिये हुए वचनों की याद आती है। दशरथ के पास जाकर उनके दिये हुए वचनों के बारे में याद दिलाती है। भरत को चौदह साल तक राजसिंहासन देने की माँग करती है। कैकेयी के इस विचार से सब उसके प्रति क्रोध व्यक्त करते हैं। राम पिता को सान्त्वना देता है और राम, लक्ष्मण और सीता मिलकर अयोध्या से निकलते हैं। वे गंगा नदी पार करके चित्रकूट पहुँचते हैं। आमति देश का राजकुमार सिंहोदर दशपुर का राजा बनता है। सिंहोदर ने वर्जकर्ण पर आक्रमण करने का समाचार सुनकर राम-लक्ष्मण वर्जकर्ण की रक्षा के लिए तैयार होते हैं। सिंहोदर हार जाता है। राम उनको राज्य बाँटकर मित्रता से रहने के लिए कहते हैं। वर्जकर्ण अपनी आठ बेटियों का विवाह लक्ष्मण के साथ करता है। बाकी के राजा अपनी तीन सौ कुमारियों को लक्ष्मण को सौंपते हैं। राम, लक्ष्मण, सीता बहुत बड़ा जंगल पार करने के बाद विजयपुर पहुँचते हैं। वनमाला को लक्ष्मण से ही विवाह करने की इच्छा थी। जब वह पूरी नहीं हुई तो आत्महत्या करने जाती है। तब लक्ष्मण उसको वरण करता है। भरत पर आक्रमण करने के बारे में चिन्तित अतिवीर्य को दण्डित करता है। अतिवीर्य दीक्षा ग्रहण करके अपनी बेटी रतिमाला लक्ष्मण को सौंप देता है।

दण्डकारण्य में जटायु राम, लक्ष्मण, सीता का अनुकरण करता है। एक बार लक्ष्मण को जंगल में आते समय सूर्यहास नामक दिव्यखड्ग प्राप्त होता है। उसको वश में करके बाँस को मारते हैं। उसके अन्दर तपस्या करते बेटे शम्बूक का सिर कट जाता है। शम्बूक की माँ चन्द्रनखी राम-लक्ष्मण से प्रतिशोध लेने पंचवटी में प्रवेश करती है तो उनके सौन्दर्य पर मोहित होती है। लेकिन लक्ष्मण उसका अपमान करता है। चन्द्रनखी आकाश में प्रवेश करके खर को घटित वृत्तान्त बताती है। खरदूषण राम-लक्ष्मण पर आक्रमण करने आते हैं तो लक्ष्मण उनको हराता है।

पंचवटी के क्रौंचनदी के तट पर लतामंडप में राम के साथ बैठी सीता को आकाश संचार करते हुए रावण देखकर आकर्षित होता है। रावण अवलोकिनी विध्यादेवी का आह्वान करके राम, लक्ष्मण और सीता के बारे में पूछता है। तब देवी सब कुछ बताती है। तब रावण सीता को राम से दूर करने का उपाय पूछता है। देवी क्रोधित होती है और परनारी का मोह करना अपराध है कहकर रावण को जाग्रत करने का प्रयास करती है। लेकिन रावण के जिद के कारण देवी को राम से सीता को दूर करने का उपाय बताती है। देवी कहती है कि—लक्ष्मण युद्ध करते समय कष्ट के समय सिंहनाद करेगा उसे सुनते ही राम उसकी रक्षा के लिए दौड़ते हैं। रावण के आदेश पर विध्या देवी सिंहनाद करती है। उसे सुनते ही राम दौड़ते हैं। इसी सन्दर्भ में रावण सीता को उठाकर अपने विमान में ले जाता है। इसे देखकर जटायु रावण के साथ युद्ध करता है तो रावण जटायु के पंखों को काट देता है। सीता के प्रलाप को सुनकर अर्कजटि का पुत्र रत्नजटि रावण को रोकने का प्रयास करता है। लेकिन वह असफल रहता है। रावण सीता को लंका लेकर आया और उसकी रक्षा के लिए अपने लोगों को नियोजित किया।

राम को आते हुए देखकर लक्ष्मण को आभास होता है कि यह सब माया का ही जाल है। राम को वह वापस भेज देता है। राम पंचवटी आकर सीता को खोजता है और जब सीता नहीं मिलती है तो विरहाग्नि से जलता है। राम की इस स्थिति को देखकर जंगल का एक तोता सीतापहरण का समाचार सुनाता है। इसे सुनकर राम को और दुःख होता है। खरों का संहार करके लक्ष्मण-राम से मिलते हैं। विराधित अपने पिता के हत्यारे खरों के अन्त करनेवाले लक्ष्मण और राम से आकर मिलता है और सीतान्वेषण की सहायता करता है। राम लक्ष्मण को पाताल लंका ले जाता है। राम-लक्ष्मण के आने का समाचार सुनते ही सुग्रीव उनसे मिलने जाते हैं। क्योंकि सुग्रीव की पत्नी पर मोहित होकर खल सुग्रीव का वेश धारण करके राजमहल पहुँचता है। लेकिन सुग्रीव की पत्नी तारा उसको पहचानकर चुप हो जाती है। बाद में सुग्रीव और खल में युद्ध होता है। लेकिन युद्ध में सुग्रीव हार जाता है। इस सन्दर्भ में जाम्बवन्त के आग्रह पर राम साहसगति नामक माया सुग्रीव का संहार करता है। इस उपकार के प्रति सुग्रीव सीतान्वेषण में राम-लक्ष्मण का साथ देता है। रत्नजटि से पता चलता है कि रावण ने ही सीता का अपहरण किया है। तब जाम्बवन्त रावण के बारे में विस्तार से बता देता है।

सीता से मिलकर उसको चूड़ामणि देकर आने की चर्चा हो रही थी तो हनुमान उस कार्य को करने के लिए तैयार होते हैं। अपने विमान से लंका आकर लंकिणि किले को ध्वंस करता है और वर्जमुख नामक राजा का संहार करके उसकी बेटी लंकासुन्दरी से विवाह करता है। लंका प्रवेश करके सीता को राम की मुद्रा देकर थोड़े समय में ही राम-लक्ष्मण के आने की सूचना देता है। राम की चूड़ामणि को देखकर सीता प्रसन्न होती है। हनुमान कापिनालुओं का संहार करके राम के पास आता है। अपने मित्रों की सहायता से राम-लक्ष्मण लंकापुर की दिग्विजय यात्रा प्रारम्भ करने की

सूचना रावण को मिलती है। रावण क्रोधित होकर अपने चन्द्रहास आयुध की प्रशंसा करता है। जब विभीषण रावण को समझाने का प्रयास करता है तब रावण उसे लंका से बाहर जाने के लिए कहता है। लंका से अपमानित होकर विभीषण राम की शरण में आता है और सब मिलकर सेतु का निर्माण करके लंका तक पहुँचते हैं।

राम-रावण के चतुरंगबलों के बीच घोर युद्ध होता है और इस युद्ध में लंकाधीश को बहुत हानि होती है। लक्ष्मण-रावण का युद्ध होने पर रावण के बाणों से लक्ष्मण मूर्च्छित होता है। लक्ष्मण की स्थिति को देखकर राम चिन्ताक्रान्त होता है। उस समय अतिचन्द्र नामक खेचर मूर्च्छावस्था से विमुक्त होने की दवा के बारे में बताता है। विशल्यासुन्दरी के (मिंद) गन्धोदक को लाने के लिए साकेतपुर को हनुमान आदि जाते हैं। लक्ष्मण ही विशल्यासुन्दरी के लिए वर समझकर भरत विशल्यासुन्दरी को गन्धोदक के साथ भेजता है।

लक्ष्मण के दिव्यप्रभाव के बारे में सुनकर रावण बहुरूपिणी विद्या को प्राप्त करने के बारे में निर्णय लेता है और अपने बन्धुओं से कहता है कि उसे किसी भी स्थिति में कोई बाधा न पहुँचाए। वानर सेना लंकाधीश के अन्तःपुर में प्रवेश करके हंगामा मचाती है। मन्दोदरी और अन्य स्त्रियाँ मिलकर रावण के पास जाकर रक्षा करने की विनती करती हैं। लेकिन रावण तटस्थ रहकर विद्या को प्राप्त करता है। देवी प्रत्यक्ष होकर कहती है कि रावण-लक्ष्मण को मारना असम्भव है। देवी पर क्रोधित होकर रावण सीता के पास आता है। सीता की स्थिति से अवगत होकर सीता के प्रति किये गये अन्याय को स्मरण करके सन्ताप व्यक्त करता है। अन्त तक रावण लक्ष्मण के साथ युद्ध नहीं करता है। रावण के चन्द्रहास का खण्डन लक्ष्मण अपने सूर्यहास से करता है। जब रावण लक्ष्मण के प्रति सुदर्शन चक्र का प्रयोग करता है तो सुदर्शन चक्र लक्ष्मण की प्रदक्षिणा करता है। राम की सूचना के अनुसार उसी सुदर्शन चक्र से लक्ष्मण रावण का वध करता है। रावण की स्थिति को देखकर विभीषण और लंका की स्त्रियाँ आक्रान्दन करती हैं। रावण संहार के बाद राम लक्ष्मण, सीता आदि के साथ पुष्पक विमान में अयोध्या की तरफ बढ़ता है। रास्ते में राम सीता को वनवास के सन्दर्भ में आश्रित स्थलों के बारे में विवरण देता है। राम-लक्ष्मण-सीतागमन के शुभ समाचार को भरत से सुनकर कौशल्या, सुमित्रा, कैकेयी और सुप्रभा को प्रसन्नता होती है। सब मिलकर आनन्द से उनका स्वागत करते हैं। इसके बाद अयोध्या के जिनमन्दिर में श्रीराम का राज्याभिषेक का आयोजन किया जाता है।

## कुमुदेन्दु रामायण की शैलीगत विशेषताएँ

कुमुदेन्दु रामायण अपने छन्दोवैविध्य और छन्दों की समस्याओं के लिए प्रसिद्ध है। विद्वानों का मानना है कि इसमें सभी प्रकार के छन्दों का प्रयोग हुआ है। लेकिन बाद में पता चला कि इसमें कुसुम, भामिनि, परिवर्धिनि और वार्धक षट्पदी का प्रयोग हुआ है। ललित, मन्दानिल और उत्साह नामक रगलेयों (विशिष्ट प्रकार का छन्द) का भी प्रयोग हुआ है।

निष्कर्ष रूप में कहा जा सकता है कि कुमुदेन्दु पर कन्नड़ के आदिकवि पम्प का प्रभाव है। कुमुदेन्दु ने पम्परामायण का यथावत् अनुकरण किया है। ऐसा लगता है कि कथा को ही नहीं बल्कि पम्प की भाषा का प्रयोग भी यथासम्भव हुआ है। इसका यह अर्थ नहीं है कि कुमुदेन्दु में प्रतिभा नहीं है। कई सन्दर्भों में पम्प के प्रसंगों का सक्षिप्तीकरण हुआ है तो कई में विस्तृत। कुमुदेन्दु वर्णनप्रिय कवि होने के कारण प्रसंगों का वर्णन विस्तार से किया है। इस दृष्टि से कन्नड़ साहित्य में 'कुमुदेन्दु रामायण' का अपना ही खास महत्त्व है।

# कनकदास कृत 'रामधान्य चरित्र'

डॉ. नन्दिनी गुंडूराव

**'यावत् स्थास्यंति गिरयः सरितश्च महीतले।**
**तावद्रामायणकथा लोकेषु प्रधरिष्यति॥'**

कहकर ब्रह्मदेव ने वाल्मीकि पर जो अनुग्रह किया था वह शब्दशः सत्य हुआ है। भारतीय साहित्य में तब से अब तक निरन्तर रूप से रामकथा का प्रचार-प्रसार, पठन-मनन-अध्ययन, गायन-श्रवण, लेखन चल रहा है। वैसे देखा जाए तो रामकथा का मूल बीज वैदिक साहित्य में मिलता है, उसके बाद वाल्मीकि रामायण आता है जिसके प्रभाव से संस्कृत के ललित साहित्य में, धार्मिक साहित्य में और फिर भारत की प्रायः सभी आधुनिक भाषाओं में रामकथा का विस्तार देखा जा सकता है।

कन्नड़ साहित्य में उपलब्ध होनेवाली प्रथम कृति 'कविराजमार्ग' मानी जाती है। इसमें रामकथा से सम्बन्धित चौदह लक्ष कविताएँ हैं। इसी परम्परा में आगे चलकर अनेक कृतियों का उल्लेख किया जा सकता है जिनमें पोन्न का 'भुवनैक्य रामाभ्युदय', चावुण्डराय का 'चावुण्डराय पुराण', नागचन्द्र का 'रामचन्द्र चरित पुराण', वादि कुमुदचन्द्र का 'रामायण', नागवर्मा का 'काव्यावलोकन', रुद्रभट्ट का 'जगन्नाथ विजय', बन्धुवर्मा का 'जीव-सुबोधने', कुमुदेन्दु का 'रामायण', केशिराज का 'शब्दमणिदर्पण', नागराज का 'पुष्यास्त्रव' आदि प्रमुख हैं। चौदहवीं सदी तक लिखी गयी इन कृतियों में कुछ तो सीधे रामकथा वर्णन में रमी हैं, तो कुछ कृतियों में रामकथा आंशिक रूप में प्राप्त होती है। चौदहवीं सदी तक कन्नड़ में अनेक जैन-रामायणों की भी सृष्टि हो गयी थी लेकिन वाल्मीकि-रामायण को समग्र रूप से कन्नड़ में लाने का साहस किसी ने नहीं किया था। यह काम 'तोरवे रामायण' लिखकर कुमार वाल्मीकि ने पूरा किया। चौदहवीं सदी में लिखी गयी इस कृति से प्रभावित होकर कन्नड़ साहित्य में रामकथा का फिर एक नया सिलसिला चल पड़ा और 19वीं सदी के अन्त तक रामकथा को लेकर अनेक कृतियाँ लिखी गयीं जिनमें मुद्दण्णा को 'अद्‌भुत रामायण' और 'श्रीराम पट्टाभिषेक', मुम्मुडी कृष्णराज का 'अध्यात्म रामायण' और 'उत्तर राम-चरिते कथे', शान्त कवि का 'आंजनेय विजय', लिंगराज अरस का 'कर्नाटक-रामायण-संग्रह', लक्ष्मीश का 'कुशलवोपाख्यान', बत्तलेश्वर का 'बत्तलेश्वर रामायण', नागचन्द्र का 'रामचन्द्र चरित पुराण', भाष्य तिरुमलाचार्य का 'संक्षेप रामायण' आदि उल्लेखनीय हैं।

कन्नड़ साहित्य में इस रामकथा-परम्परा का विकास बीसवीं सदी में भी बड़े सुन्दर ढंग से हुआ है। बीसवीं सदी में लिखी गयी कृतियों में श्रीकण्ठशास्त्री का 'अद्‌भुत रामायण', के. कृष्णमूर्ति का 'उत्तर-रामचरित्र' और 'प्रतिमा नाटक', पु.ति.न. का 'अहल्ये', श्रीनिवास तोपखाने का 'गीत रामायण', कुवेंपु का 'जनप्रिय वाल्मीकि रामायण', 'शूद्रतपस्वी' और 'श्रीरामायणदर्शन', बन्नंजे गोविन्दाचार्य का

'मध्वरामायण' और 'संग्रह रामायण', मास्ती वेंकटेश अय्यंगार का 'रामनवमी' और 'श्रीराम-पट्टाभिषेक', शिवराम कारंत का 'रामायण' (बाल-साहित्य-सचित्र) और 'लवकुश', सिद्धवनहल्ली कृष्ण शर्मा का 'रामावतार' (भाग 1,2,3), त.सु. शामराय का 'वचन रामायण', एस.वी. परमेश्वर भट्ट का 'प्रतिमा नाटक', 'यज्ञफल', 'रघुवंश' और 'श्रीरामाश्वमेध', जी.पी. राजरत्नं का 'श्रीरामचन्द्र', डी.वी.जी. का 'श्रीराम परीक्षणम्' आदि कृतियाँ भुलाई नहीं जा सकतीं।

इनके अलावा कन्नड़-साहित्य में जैन रामायण परम्परा भी प्राप्त होती है। लोक-साहित्य में भी रामकथा के विविध रूप प्राप्त होते हैं। मध्ययुग में कुमार वाल्मीकि के 'तोरवे रामायण' को छोड़कर ऐसी कोई रामकथा सम्बन्धी कृति प्राप्त नहीं होती जिसे कन्नड़ साहित्य की प्रमुख रामायण कहा जा सके। वैसे कन्नड़ का कविमन महाभारत की कथा में जितना रमा है उतना रामायण में नहीं।

कन्नड़ साहित्य के हरिदास साहित्य के प्रमुख कवि हैं। सभी सन्त कवियों की जीवनी की तरह कनकदास का जीवन-चरित्र भी अनेक मतभेदों के साथ प्रस्तुत किया जाता है। सामान्यतः कनकदास को विजयनगर के श्रीकृष्णदेवराय के समकालीन माना जाता है। विद्वानों में इनके समय के बारे में एकमत नहीं है लेकिन सब थोड़ा आगे थोड़ा पीछे सोलहवीं सदी में इनका जीवित काल मानते हैं। कर्नाटक के धारवाड़ जिले के 'बाड़' नामक ग्राम में इनका जन्म हुआ था और 'कागिनेले' इनका निवासस्थान था। कनकदास के पिता का नाम बीरप्पा या बीरेगौडा था और माता का नाम बचम्मा था जो बाड़ ग्राम में रहते थे। बीरप्पा विजयनगर साम्राज्य के अधीन माण्डलिक या सरदार था। जाति से गडरिया होने पर भी स्वसामर्थ्य के आधार पर वह सरदार बना था और विजयनगर साम्राज्य के राजाओं का विश्वासपात्र था। बड़ी मन्नतों के बाद कनकदास का जन्म हुआ था। बच्चे का नाम तिम्मप्पा नायक रखा गया। तिम्मप्पा का बचपन सुख-समृद्धि से बीता। माँ-बाप ने तिम्मप्पा को अच्छे संस्कार और अनेक विधाओं की दीक्षा देकर बड़ा किया। तलवारबाजी में तिम्मप्पा तरबेज था। उसका भाषा-ज्ञान भी अपूर्व था लेकिन पिता की अकाल मृत्यु ने तिम्मप्पा को गहरी चोट पहुँचाई। थोड़े ही दिनों में माँ ने भी पिता की राह पकड़ी। कालचक्र घूमता रहा, तिम्मप्पा ने यौवन में कदम रखा। इन्हीं दिनों में इनको जमीन में छिपी निधि के रूप में अपार सोना (कनक) प्राप्त हुआ। कहते हैं तब से इनका नाम कनकदास पड़ा और उन्होंने उस धन से कागिनेले में आदिकेशव का मन्दिर निर्माण किया। इस 'आदिकेशव' को ही उन्होंने अपना आराध्य देवता बनाया और उसी के नाम को अपने काव्य का अंकित बनाया।

कनक नायक कनकदास कैसे बन गये? विद्वानों ने अलग-अलग तर्क दिये हैं, लेकिन कहा जा सकता है कि 'किसी अनिरीक्षित घटना की प्रेरणा से उन्होंने परिवार का त्याग किया और विरागी बनकर हरिदास हो गये।'

कनकदास की जाति और कुल का पता लगाने में भी विद्वानों ने बहुत माथा पच्ची की है। कनकदास अपने पदों में कहते हैं–

**'अनेक दासों के घर का अस्पृश्य दास मैं**
**कुलविहीन दास मैं चरवाहा दास।'**

उन्होंने अपने को निम्न जाति का माना है लेकिन हरि के भक्तों का कोई कुल, कोई जाति नहीं होती, सब 'हरिदास' होते हैं।

कनकदास का बचपन और यौवन विजयनगर साम्राज्य की उत्तरी सीमा पर स्थित 'बाड़' ग्राम

में बीता। तिम्मप्पा कनकदास बनने से पहले विजयनगर साम्राज्य के सामन्त थे। बाड़ पर बार-बार शाही आक्रमण होता था। कनकदास साहसी थे और आक्रमणों का वीरोचित सामना करते थे। उन्होंने क्षत्रियोचित शस्त्राभ्यास किया था। उनके पदों के आधार से पता चलता है कि वे किसी युद्ध में गम्भीर रूप से घायल हो गये थे और चमत्कारिक रूप से बच गये थे। कनक ने उस घटना के बाद युद्ध का पेशा छोड़ दिया और अपना जीवन धार्मिक चिन्तन तथा साहित्य और संगीत की सेवा के लिए समर्पित किया। आनेगोंदी के मठ में उन्होंने शास्त्राभ्यास किया था, उत्तम आध्यात्मिक शिक्षा पाई थी, समाज का सूक्ष्म निरीक्षण करने की शक्ति उनमें पहले से ही थी। विजयनगर के व्यासराय मठ में कनकदास को दास-दीक्षा मिली थी। व्यासराय का व्यक्तित्व बहुत ही उदार और उदात्त था। उनके मन में उच्च-नीच, कुलीन-कुलहीन, स्वार्थ-संकुचितता आदि के लिए स्थान नहीं था। उनके पास आकर कनकदास को उनके कुछ शिष्यों का सख्य और व्यासराय का वात्सल्य जरूर मिला साथ ही अन्य लोगों के द्वारा किये गये तिरस्कार, जलन, ईर्ष्या, अपमान का विष भी पीना पड़ा।

कन्नड़ के हरिदास साहित्य में कनकदास को प्रमुख स्थान दिया जाता है। उनकी रचनाएँ इस प्रकार हैं—1. मोहन तरंगिणी, 2. नलचरित्र, 3. रामधान्य चरित्र, 4. नृसिंहस्तव, 5. हरिभक्तिसागर, 6. कीर्तन, 7. कूटपद आदि।

सामाजिक रूप से कनकदास को दुहरा संघर्ष करना पड़ा। निम्नवर्ग से आने के कारण उच्च वर्ग के लोगों का विरोध तो सहना ही पड़ा, उन्हें अपने जाति-बान्धवों के विरोध का भी सामना करना पड़ा। चरवाहा जाति के लोगों को गुस्सा था कि कनकदास ने अपना जाति-धर्म-कर्म छोड़ा! ब्राह्मण वर्ग इसलिए क्रोधित था कि कनकदास ने उनका धर्म अपनाया। शायद हर महात्मा को इस समस्या का सामना करना पड़ता है और परम्परागत संकुचित विचारधारा से ऊपर उठकर ही महात्माओं का निर्माण होता है।

चरवाहा जाति के कनकदास वैभव से वैराग्य की ओर, शूद्रत्व से ब्राह्मणत्व की ओर, वीरता से भक्ति की ओर बढ़े थे। हिन्दी के कृष्णभक्त कवियों का मण्डल जैसे 'अष्टछाप' कहलाता है वैसे कन्नड़ कृष्णभक्त कवियों का मण्डल 'दासकूट' कहलाता है। कनकदास ने वैष्णव धर्म अपना लिया था पर वैष्णवों ने अन्त तक कनकदास को नहीं अपनाया। इस वर्ग-वैषम्य, जाति-भेद, वर्ग-संघर्ष को उन्होंने खुद झेला था। वैष्णव भक्त होने पर वैष्णवों की नजर में वे शूद्र ब्राह्मण ही रहे। इसी की प्रतिक्रिया में 'रामधान्य चरित्र' में रामकथा गान के साथ रागी और धान का प्रसंग उठाकर कनकदास ने वर्गसंघर्ष को प्रस्तुत करने का प्रयास किया है और रामकथा को एक नया आयाम देने की अनोखी कोशिश की है।

रामधान्य चरित्र को 'राघवधान्य चरित्र' भी कहा जाता है। यह एक कथन काव्य है और एक सौ अट्ठावन भामिनी षट्पदियों में लिखा गया है। इसकी कथा पौराणिक है पर कथा का मूल किस पुराण में है, इसका पता नहीं चलता। अतः कुछ विद्वान इसका मूल लोगों में प्रचलित किसी पौराणिक लोककथा में मानते हैं या तो फिर यह कनकदास के दिमाग की उपज होगी।

पाण्डवों के वनवास के क्लेश-संकटों को दूर करने के लिए धर्मराज को शाण्डिल्य ऋषि 'श्रीराम कथा' तथा 'रागी और धान' की कथा कहते हैं। श्रीराम पितृवाक्य परिपालनार्थ सीता और लक्ष्मण समेत वन में चले जाते हैं। वहाँ पर रावण सीतापहरण करता है, श्रीराम बालि का वध कर, सुग्रीव हनुमानादि वानरों से मैत्री कर, सेतु निर्माण कर, लंका पर धावा बोलकर, रावण-कुम्भकर्णादि राक्षसों का संहार कर, विभीषण का राज्याभिषेक कर, अयोध्या की ओर चल पड़ते हैं। इस तरह से प्रथम

सोलह षट्पदियों में कनकदास संक्षेप में राम वन-गमन से रावणवध तक की रामकथा का वर्णन करते हैं। अयोध्या की ओर वापस लौटते वक्त मार्ग में श्रीराम-सीता को रमणीय दृश्य दिखाते-दिखाते, ऋषियों से मिलकर उनका आशीर्वाद लेते आगे बढ़ते हैं।

गौतम ऋषि आश्रम में गुड़, शक्कर, शहद और विविध प्रकार के अनाजों से बनाये गये पदार्थों का स्वाद लिया जाता है। उन पदार्थों के स्वाद के बारे में आपस में चर्चा छिड़ती है। श्रीराम हनुमानजी से उनकी राय पूछते हैं। हनुमानजी कहते हैं, "हमने जिन धान्यों के पदार्थों का सेवन किया है, उनको मैं देखना चाहता हूँ, उन्हें मँगाइए।" गौतम ऋषि जौ, गेहूँ, धान, रागी आदि नवधान्य मँगाते हैं। ...गौतम ऋषि की बात सुनकर धान क्रोधित हो उठता है और कहता है, "आप जैसे ज्ञानी सबकी उपेक्षा कर इस तरह से कैसे निर्णय दे सकते हैं? मेरे जैसा धान, गेहूँ आदि श्रेष्ठ धान्यों के होते हुए आप रागी को कैसे श्रेष्ठ कह सकते हैं।" गुस्से से धान रागी से कहता है, "अरे ओ कुलहीन, मूर्ख, तू मेरी समानता कैसे कर सकता है? हमारे गुण-दोष भगवान ही जानता है। श्रीराम के सामने तुम्हारी प्रतिष्ठा भंग हो जाय महामूर्ख।" आगे चलकर अपनी श्रेष्ठता का प्रतिपादन करते हुए धान रागी से कहता है, "संसार के शूर, समर्थ बुद्धिमान लोगों ने तुम्हें निरुपयोगी समझ कर तुम्हारा धिक्कार किया है इसलिए तुम शूद्रों का आहार बने हो। बुद्धिमान लोग तुम्हें नहीं चाहते इसके लिए स्वर्ग के देवता ही साक्षी हैं, ऐसे में तुम कैसे श्रेष्ठ बन सकते हो, चल हट भाग यहाँ से। ब्राह्मणों के उपनयन में भक्ष्य-भोज्य के लिए मेरी ही जरूरत पड़ती है, मंत्राक्षत बनाने के लिए भी मेरा ही उपयोग किया जाता है, मंगल-कार्यों में आरती करते वक्त भी मेरा होना अनिवार्य है, राजमहलों में बड़ों की तृप्ति के लिए, भगवान के भोग के लिए भी मेरा ही उपयोग किया जाता है। सभी मंगल कार्यों में राजा,

ब्राह्मण, बच्चों के आहार के लिए मुझे ही योग्य माना जाता है। तुम अयोग्य हो, भ्रष्ट हो, चल हट यहाँ से, मेरे समान कोई हो ही नहीं सकता।" कहकर धान अपना महत्त्व, श्रेष्ठत्व, बड़प्पन जताता है। धान की अपमानजनक बातें सुनकर रागी आग बबूला हो जाता है, आँखों से चिनगारियाँ फूटने लगती हैं। गर्जना करते हुए भरी सभा में वह धान से कहता है, "इस तरह से बुरा-भला कहते वक्त तुम्हें शरम आनी चाहिए। तुमसे क्या प्रतिवाद करना? तुम वास्तविकता से परिचित नहीं हो। गरीबों की ओर आँख उठाकर न देखनेवाले अमीरों के पिछलग्गू तुम्हें क्या कहें? जच्चा, रोगियों के लिए तुम पथ्य का आहार हो, शव के मुख का आहार हो, तेरा जन्म ही निरर्थक है। मृतकों को पिण्डदान करते वक्त कौवों को बुला-बुला कर तुम्हें आहार के रूप में रखा जाता है, ऐसा तुम्हारा बड़प्पन! तुम जैसों से बात करना ही व्यर्थ है।" आगे चलकर रागी कहता है, "घाम के दिनों में, बारिश के अभाव में, बिना फसल के अकाल में, आहार के अभाव में तड़पनेवाले प्राणियों का मैं आदर से पेट भरता हूँ। इसे सारा संसार जानता है। मानव के कष्ट काल में तुम कहाँ होते हो? तुम्हारे कुल के सभी कहाँ होते हैं? ऐसे क्षुद्र धान्य मेरी बराबरी कैसे करेंगे? अमीर-गरीब का भेद तुम करते हो। मैं ऐसा पक्षपात नहीं करता। अमीर हो या गरीब मैं सबका पालन करता हूँ, तुम जैसा निर्दयी नहीं हूँ मैं, हे आत्मवंचक भाग यहाँ से।"

धान और रागी में अपनी-अपनी महत्ता को प्रदर्शित करते हुए वाद-विवाद चलता रहता है। चावल रागी को 'कःपदार्थ' कहता है क्योंकि केवल निम्न जाति के लोग ही उसका सेवन करते हैं। ब्राह्मणों के घरों में, किसी भी शुभ कार्य में, समारोहों में रागी का उपयोग नहीं किया जाता। चावल को उचित उत्तर देते हुए रागी कहता है, "मैं दीन-दलितों का प्यारा हूँ, अकाल में गरीब-अमीर सबका सहारा मैं ही हूँ।" आत्मविश्वास के साथ अपने गुणों का वर्णन करता है। उनका कलह जब सीमा पार कर जाता है और सर्वसम्मत निर्णय जब असाध्य होने लगता है तो श्रीराम दोनों को कैद में रखने का आदेश देते हैं। भविष्य में दोनों को अयोध्या बुलाकर श्रेष्ठता का निर्णय देने का वचन देते हैं और अपने परिवार समेत अपनी यात्रा आगे बढ़ाते हैं।

अयोध्या में राज्याभिषेक के बाद श्रीराम को रागी और चावल की याद आती है। उनका झगड़ा समाप्त करने के लिए वह एक सभा का आयोजन करते हैं, जिसमें इन्द्रादि प्रमुख देवता उपस्थित होते हैं। श्रीराम गौतम मुनि द्वारा रागी और धान को बुला लेते हैं। छह-सात महीने के कारावास के कारण धान का रूप बिगड़ा हुआ है, रागी स्वस्थ जैसा का तैसा है। इन्द्र रागी के शक्ति-सामर्थ्य की वाह! वाह! करता है। उपस्थित देवता गण रागी को वरदान के रूप में अपनी-अपनी शक्ति दे देते हैं। श्रीराम उसे अपने नाम से प्रसिद्ध होने का वरदान देते हैं। उस दिन से रागी को 'राघव' नाम से भी जाना जाता है। पराजित धान को रामचन्द्र, रागी आदि तसल्ली देते हैं।

श्रीरामचन्द्र की सभा में घटित इस कथा को इन्द्र की सभा में फिर से सुनाया जाता है, जिसे शाण्डिल्य ऋषि ने सुना था। उसी कथा को युधिष्ठिर को सुनाकर वे उसकी चित्तग्लानि को दूर करते हैं।

केवल 158 भामिनी षट्पदियों में समाप्त होनेवाली इस कृति को कनकदास 'महाकथा' कहते हैं। महाकाव्य के अर्थ में उसने निश्चित ही ऐसा कहा नहीं होगा क्योंकि न ही इसमें महाकाव्य के लक्षण हैं और न ही विस्तार है। कवि ने प्रमुख रूप से दो बातों पर बल दिया है। एक है रामकथा कहना, दूसरा रागी को न्याय दिलाना। प्रारम्भ की तीन षट्पदियों में देवता-स्तुति-प्रार्थना के बाद आगे की पाँच षट्पदियों में शाण्डिल्य मुनि और धर्मराज के योगक्षेमवाला प्रसंग समाप्त होकर कथा आगे

बढ़ती है। आगे के उन्नीस पदों में राम-वनवास से रावणसंहार तक की कथा कही गयी है, कवि राम को गौतम ऋषि के आश्रम तक लाता है। रागी और धान का प्रसंग आगे की उनतीस षट्पदियों में चलता है। फिर से रामकथा का सूत्र पकड़कर राम राज्याभिषेक तक कथा चलती है। बाद में राम का सबका विदा करना, रागी और धान में कौन श्रेष्ठ है इसका निर्णय करना आदि बताकर कथा को समाप्त किया गया है। इस तरह रामधान्य-चरित्र में दो-दो कथाएँ साथ चलती हैं। कृति का आधे से भी अधिक भाग रामकथा से व्याप्त है। साम्प्रदायिक रामकथा की चौखट में ही कवि ने नया विषय उठाया है—रागी और धान का! पौराणिक और सामाजिक वस्तु का सुन्दर मेल इस कृति में किया गया है। कवि रामकथा के बहाने सामाजिक संवेदना की अभिव्यक्ति कर रहा है। वह चाहता है कि "लोग इस कथा का आदर करें, इसे सुनकर धरती आश्चर्यचकित हो जाय।" उसे लगता है, "यह एक विशिष्ट कृति है।" और 'रामधान्य चरित्र' एक विशिष्ट विडम्बनात्मक कृति है भी! घमण्ड, मतान्ध और अधिकार लोलुप लोगों के दोषों को प्रकट करने का, उन्हें समाज के सामने लाने का कनकदास ने बीड़ा उठाया था। उसके सीधे-सादे देहाती स्वभाव में मन्त्र-तन्त्र, धोखाधड़ी, चिकनी-चुपड़ी बातों के लिए स्थान नहीं था। 'रामधान्य चरित्र' में धान उच्चवर्ग का प्रतीक है तो रागी निम्नवर्ग का। इस वर्गसंघर्ष को प्रस्तुत करते हुए कवि तत्त्वनिष्ठ, कपटरहित, श्रद्धा और उत्साह से भरी बातें करता है। कवि की विडम्बनाभरी बातों में कड़वाहट है, विष नहीं; तीक्ष्णता है पर चुभन नहीं, हठ है पर द्वेष नहीं, क्रोध है पर बैर नहीं, गरमी है लेकिन आग नहीं, पूरी कृति में कहीं भी मतान्धता के दर्शन नहीं होते। कर्तव्य के प्रति जागरूकता, सत्य के प्रति निष्ठा, लोक के प्रति करुणा, नैतिक श्रद्धा आदि इस विडम्बना के पीछे छिपे हुए प्रेरक तत्त्व हैं।

'रामधान्य चरित्र' में नवधान्य से बनाये गये पदार्थों को परोसनेवाले हैं गौतम ऋषि; खानेवाले हैं श्रीराम के साथ उपस्थित प्रमुख वानर दैत्य-गण, देवता-गण; स्वाद लेकर धान्यों को देखना चाहते हैं हनुमानजी; रागी की महिमा गानेवाले हैं गौतम ऋषि, अन्त में उसकी पुष्टि करनेवाले हैं इन्द्र; रागी की महिमा से खुश होकर अपनी-अपनी शक्ति उसे प्रदान करनेवाले हैं स्वर्ग के देवता गण; और रागी के साथ अपनी अनन्यता प्रकट करने के लिए उसे अपना नाम ही देनेवाले हैं खुद श्रीराम। इस अपूर्व, अद्भुत कल्पना के पीछे पतितोद्धार की भावना छिपी है। पतितोद्धार ही परमात्मा के अवतार का मूल उद्देश्य है। कवि बताना चाहता है कि, "परमात्मा की कृपा का पात्र पतित नहीं होता। आत्मसाक्षात्कार द्वारा, श्रद्धापूर्वक निष्ठा से जो कर्तव्य निभाता है वह उच्च स्थान पा सकता है।" सत्य को असत्य, असत्य को सत्य; सार्थक को निरर्थक, निरर्थक को सार्थक समझने की जो परिपाटी हमारे समाज में है उसका भी अनावरण इस कृति में कवि ने व्यंग्य से किया है। अन्त में सर्वोदय और सर्वसमान भाव की पुष्टि करते हुए काव्य का अन्त किया गया है।

'रामधान्य चरित्र' में कथावस्तु मुख्य नहीं है, घटनाएँ भी मुख्य नहीं हैं। यहाँ वर्णित रामकथा में घटनाओं की नीरस सूची मात्र है। रागी और धान का संवाद ही इसमें मुख्य है। इस रामकथा में भावप्रदर्शन से अधिक विचारों की अभिव्यक्ति पर ज्यादा बल दिया गया है। यह एक विचारप्रधान काव्य-कृति है।

भारतीय संस्कृति में सदियों से चलता आया उच्च-नीच, राजा-सेवक, गरीब-अमीर के बीच का अन्तर भेदभाव, उच्चवर्ग के लोगों का अहंभाव, निम्नवर्ग का शोषण आदि बातें सर्वविदित हैं। लेकिन शोषित वर्ग के प्रतिनिधि के रूप में रागी का आवाज उठाना—वह भी कनकदास के समय में—एक प्रकार से क्रान्तिकारी है। कन्नड़ के कुछ आलोचक इस रामकथा में दलित साहित्य के बीज का दर्शन करते हैं।

# जनप्रिय रामकाव्य 'तोरवे रामायण'

प्रो. टी.आर. भट्ट

कन्नड़ के महाकाव्यों में 'तोरवे रामायण' का महत्त्वपूर्ण स्थान है। इसके कवि हैं कुमार वाल्मीकि। इनका काल है 14वीं सदी का मध्यभाग। इस काव्य का आधार है 'वाल्मीकि रामायण'। कन्नड़ में यह सबसे जनप्रिय रामायण है। कवि का असली नाम है नरहरि। यह जाति से ब्राह्मण हैं। ये तोरवे (बीजापुर) नरसिंह देवता के भक्त थे। कवि तोरवे नामक गाँव का निवासी होगा। कुमार वाल्मीकि ने अपने ग्रन्थ में कहीं भी अपने जन्म वर्ष आदि के बारे में कोई सूचना नहीं दी है। कवि ने राम की कथा सीधी और सरल शैली में कही है। उन्होंने अपनी इस कृति को लिखते वक्त सामान्य जनता को ध्यान में रखा है। यह कवि पण्डित प्रिय नहीं हैं लेकिन पामर-रंजक हैं और भक्तों के पोषक हैं। कवि ने पहली बार वाल्मीकि के काव्य-रस को कन्नड़ के लोगों को दिया है। 'तोरवे रामायण' गायकों के लिए प्रिय ग्रन्थ है। इसकी अपनी गेयता, सरलता और देसीपन के कारण कन्नड़ के यक्षगान-प्रसंग के कवियों के लिए यह स्रोत-ग्रन्थ रहा है।

कुमार वाल्मीकि जन-सामान्य कवि हैं। उनके पूर्व कन्नड़ में अनेक जैन-रामायणों की रचना होते हुए भी किसी ने भी आदि कवि वाल्मीकि की रामायण का कन्नड़ अनुवाद नहीं किया था। इनके पूर्व कवि कुमारव्यास भारत का अनुवाद कर प्रसिद्ध हो चुके थे। उस कवि के आदर्श से प्रभावित होकर कुमार वाल्मीकि ने वाल्मीकि रामायण को कन्नड़ में प्रस्तुत किया होगा। इसीलिए कुमार वाल्मीकि कवि कुमारव्यास का अपने काव्य में स्मरण करते हैं और मध्वाचार्य को 'गुरुराय' कह कर वैष्णव धर्म में आस्था रखकर काव्य की रचना करते हैं।

वास्तव में 'तोरवे रामायण' केवल अनुवाद ही नहीं है। इस कन्नड़ कवि ने अपने मनोधर्म के अनुसार कथा में अपनी ओर से कई अंश जोड़ दिये हैं। कवि अपनी कृति के बीच-बीच में मौलिकता का संकेत देते हैं। उन्होंने राम को एक दिव्य पुरुष के रूप में चित्रित कर कन्नड़-समाज के सामने रखा है। इसी कारण से आदि कवि की सीमाओं में राम-महिमा को रख कर अध्यात्म रामायण, आनन्द रामायण आदि काव्य के दर्शन के अनुकूल, कुछ नये अंशों को भर दिया है। कालिदास के 'रघुवंश' से भी कवि ने प्रेरणा ग्रहण की है।

कुमार वाल्मीकि ने अपनी रामायण में राम की कथा कही है। वाल्मीकि रामायण में जो बड़े कथा-प्रसंग हैं, उन्हें कुमार कवि ने संक्षेप में कह दिया है। मूल 'गंगावतरण' की कथा को कवि ने केवल दो छन्दों में कहकर समाप्त किया है। कुमार वाल्मीकि की शब्द-सम्पत्ति अपार है। जब उनकी काव्यधारा आगे बढ़ती है तो वह पाठकों को अपनी पदरम्यता से बहा ले जाती है। यहाँ पर व्यंग्य की अपेक्षा वाच्यार्थ ही प्रधान है। अर्थ व्यक्त करना ही कुमार वाल्मीकि की अभिव्यक्ति का मुख्य गुण एवं शक्ति है।

कन्नड़ की यह रामायण कन्नड़ के सभी रामायण-ग्रन्थों में अत्यन्त जनप्रिय रही है। इस रामायण की कई हस्तलिखित प्रतियाँ (ताड़पत्तों पर) देखने को मिलती हैं। इससे इसकी लोकप्रियता सिद्ध होती है। सामान्य सहृदय लोग इसे आसानी से पढ़कर रस ग्रहण कर सकते हैं। इस काव्य का युद्ध कांड बहुत ही बड़ा है जो काव्य के उस भाग तक फैला हुआ है। आज के सन्दर्भ में यह युद्ध वर्णन ज्यादा हो सकता है। लेकिन उस युग का जीवन वीर-जीवन था। उस समय लोग अपने गाँव, अपने स्वामी, अपनी बहिनों की रक्षा के लिए एवं गो-सम्पत्ति बचाये रखने के लिए सन्तोष से लड़कर वीर-स्वर्ग पाते थे। ऐसा युद्ध वर्णन उन लोगों के लिए सहज ही था।

यह काव्य तो कथा-प्रधान है। एक बार शिव ने पार्वती के सामने श्रीराम के चरित्र की कथा कही। इसको नारद ने वाल्मीकि के सामने कहा। अयोध्या में दशरथ राज्य करते थे। उन्होंने पुत्र न होने के कारण यज्ञ किया। इसके बाद तीनों रानियों को पुत्र पैदा हुए। राम, लक्ष्मण आदि बड़े हुए

और यज्ञ में विश्वामित्र की सहायता की। सीता का विवाह होता है। उसके बाद तीनों का होता है। वे सब वापस अयोध्या लौटते हैं। इसके बाद कैकयी के कारण राम को वनवास जाना पड़ा, उनके साथ सीता, लक्ष्मण निकले। राम वहाँ राक्षसों का नाश करता है और सीता का अपहरण होता है। फिर राम और रावण के बीच युद्ध होता है और रावण मारा जाता है। सीता मुक्त होती है। अग्नि परीक्षा के बाद राम सीता को स्वीकार करता है और अन्त में राम अयोध्या में शासन करता है। यह 'तोरवे रामायण' की मुख्य कथा है। 'वाल्मीकि रामायण' और 'तोरवे रामायण' में कथा की दृष्टि से खास अन्तर नहीं है। बीच-बीच में कुमार वाल्मीकि ने विस्तार की कथा जोड़ दी है। उत्तर काण्ड की कथा न कहकर युद्धकाण्ड का विस्तार से वर्णन किया है।

'तोरवे रामायण' में जो राम है वह आदि कवि वाल्मीकि का ही पात्र है। कवि की दृष्टि में राम सामान्य मानव न होकर एक असाधारण पुरुष है। वह कई जगह अपनी दैवी शक्ति दिखाता है। इसमें कवि ने कथा का बहुत-सा भाग वाल्मीकि रामायण से लिया है। कई जगह अध्यात्म रामायण की छाया भी गोचर होती है। काव्य के आरम्भ में शिव-पार्वती का संवाद, रावण वध के लिए यज्ञ करना आदि कथा-प्रसंग कवि ने अध्यात्म रामायण से लिए हैं। इसी तरह कवि ने कुछ पात्रों में परिवर्तन किया है। वाल्मीकि ने मंथरा को 'पापदर्शिनी' अगर कहा है तो कुमार वाल्मीकि ने 'पूर्वमाया तरुणी मंथरे' कहा है (माया का अवतार)। 'वाल्मीकि रामायण' में रावण के परिवार के लोगों के मरने से उसका क्रोध बढ़ता जाता है। लेकिन यहाँ रावण में अनुताप, पश्चात्ताप अधिक पैदा होता जाता है। यहाँ रावण दुरन्त नायक के रूप में गोचर होता है। वह अपने बुरे कर्म पर खूब पछताता है। एक दृष्टि से यहाँ उसका उदात्त व्यक्तित्व प्रकट होता है।

इस महाकाव्य में कुछ जगह कवि ने रसपूर्ण प्रसंगों का वर्णन किया है। राम वनवास चलते समय उनके बन्धु-वर्ग एवं पुरजन खूब विलाप करते हैं। इसका बड़ा मर्मस्पर्शी वर्णन कवि ने किया है। वालि की मृत्यु के बाद तारा एवं रावण की मृत्यु के बाद मन्दोदरी के रोने का प्रसंग अद्‌भुत है। कई जगह कवि ने अपनी मौलिकता दिखाई है। आज के सन्दर्भ में यह काव्य मध्यम वर्ग की कोटि में आता है, लेकिन यह 'सहृदयों का सत्काव्य' कहा जा सकता है।

कुमार वाल्मीकि के वर्णन में कवि समय भर गया है। इनमें नयेपन के साथ अर्थाभिव्यक्ति है। इस महाकाव्य में अर्थालंकार करीब 3300, शब्दालंकार 910 तक हैं। इसमें बहुत-सारे पद्य सालंकृत हैं। पाण्डित्य-प्रिय श्लेष, अपह्नुति आदि अलंकार इसमें नहीं हैं। लेकिन साधारण जन को ध्यान में रखकर उन्होंने इस काव्य की रचना की है। यहाँ कवि का मुख्य लक्ष्य रामनाम महिमा का सामान्य लोगों में प्रसार करना है।

'वाल्मीकि रामायण' में चित्रित मानवीय अन्तरंग, संकीर्णता और संघर्ष 'तोरवे रामायण' में नहीं मिलता। कुमार वाल्मीकि के सभी पात्र 'दिव्य लीला विनोदी' राम के दास हैं। यहाँ दैत्य मनोवृत्ति के पात्र रावण, कुम्भकर्ण, अतिकाय, इन्द्रजीत सभी पात्र अन्त में दैव के अन्तरंग के भक्त बनते हैं। उनका द्वेष गुप्त भक्ति के रूप में परिवर्तित होता है। अतिकाय पात्र तो कुमार वाल्मीकि की ही सृष्टि है। 'तोरवे रामायण' का अतिकाय महावैष्णव, वीरश्री भक्तिश्री का संगम है। वैष्णव शिरोमणि अतिकाय के लिए युद्धरंग विजय की भूमि न होकर मोक्षश्रीय स्वयंवर मण्डप बनकर गोचर होता है।

कुमार वाल्मीकि के अनुसार रामावतार से सभी जीवों का उद्धार होता है। कवि ने अध्यात्म रामायण, आनन्द रामायण के अध्ययन से प्रेरणा पायी होगी। कथा-निरूपण में वाल्मीकि के समान कवि को सफलता नहीं मिली है। आदिकाव्य में बालकाण्ड छोटा है। लेकिन कुमार ने इसको काफी

विस्तार दिया है। इसी तरह कवि ने इस काव्य का अयोध्याकाण्ड एकदम छोटा कर दिया है। अंगद में इन्द्रवेश, मंथरा में माया का अवतार, नलोपाख्यान, हरिश्चन्द्रोपाख्यान, शम्बूकवध, वृत्तान्त, शूर्पनखी की पुत्री अयोमुखी की कथा आदि कई उपकथाएँ 'तोरवे रामायण' में कवि ने सम्मिलित की हैं। साथ ही इसमें कालिदास के रघुवंश का प्रभाव भी लक्षित किया जा सकता है।

कुमार वाल्मीकि के युग का धार्मिक, सामाजिक, साहित्यिक वातावरण का प्रभाव भी उनकी कृति में लक्षित होता है। राजनीतिक दृष्टि से यह युग अशान्ति का था। प्रक्षुब्ध परिस्थिति में कवि और सन्त लोग काव्याराधन से ही शान्ति पाते थे। कर्नाटक में 12वीं सदी से 16वीं सदी तक कई सन्त हुए हैं। शैव, वैष्णव, जैन धर्म का प्रचार खूब हो रहा था। कर्नाटक में इसी अवधि में कई बड़े-बड़े सन्तों ने विभिन्न धार्मिक सम्प्रदाय की स्थापना और प्रचार किया। 14वीं सदी के करीब धार्मिक क्षेत्र में मध्वाचार्य नामक वैष्णव सन्त हुए हैं। इन्होंने कर्नाटक ही नहीं पूरे भारत में विष्णु भक्ति का प्रचार किया जिसका प्रभाव कवियों पर पड़ा। कुमार वाल्मीकि मध्वाचार्य के शिष्य थे और उन्होंने उनके तत्त्वों को अपने काव्य में सम्मिलित किया। उन दिनों भाषा के क्षेत्र में क्रान्ति हो रही थी। बहुत सारे कवि देसी भाषा के प्रयोग कर रहे थे। भक्त कवि कुमार वाल्मीकि ने कन्नड़ देसीनिष्ठ षट्पदी छन्द में रामकथा को प्रस्तुत किया।

कन्नड़ के इस प्रथम अनूदित रामायण ने बाद के कई कन्नड़ कवियों को प्रभावित किया है। इससे प्रभावित कुछ कन्नड़ काव्य ग्रन्थ हैं—बत्तलेश्वर का 'कौशिक रामायण', नरहरि का 'मैरावण काळग', अज्ञात कवि का 'कपोत चरिते', सुब्रह्मण्य कवि का 'हनुमद्रामायण', दास साहित्य के भक्तिपरक गीत, रामकथा प्रधान कई यक्षगान प्रसंग आदि। कन्नड़ के बहुत सारे यक्षगान कवि वाल्मीकि के बदले कुमार वाल्मीकि पर निर्भर थे।

इस तरह कथा की दृष्टि से महान काव्य न होते हुए भी 'तोरवे रामायण' सामान्य पाठकों के हृदय की वस्तु बन गयी है। कवि ने खुद अपनी कृति के सम्बन्ध में कहा है—"अज्ञरिगे हरुषोदय पेंपु" (सामान्य लोगों के लिए हर्ष या आनन्द देने वाला है)।

इस रामायण की कई हस्तप्रतियाँ (ताड़पत्रों में) खूब संख्या में कर्नाटक में देखने को मिलती हैं। इससे इसकी लोकप्रियता सिद्ध होती है। इस तरह 'तोरवे रामायण' जन सामान्य की कृति बनकर आज भी जीवन्त है। यह वाच्यार्थ प्रधान होते हुए भी अन्य व्यंग्यार्थ प्रधान महाकाव्य के अध्ययन के लिए सहायक बनकर कन्नड़ साहित्य में विशिष्ट एवं महत्त्वपूर्ण काव्य बन गया है।

**'तोरवे रामायण' पर विभिन्न प्रभाव**

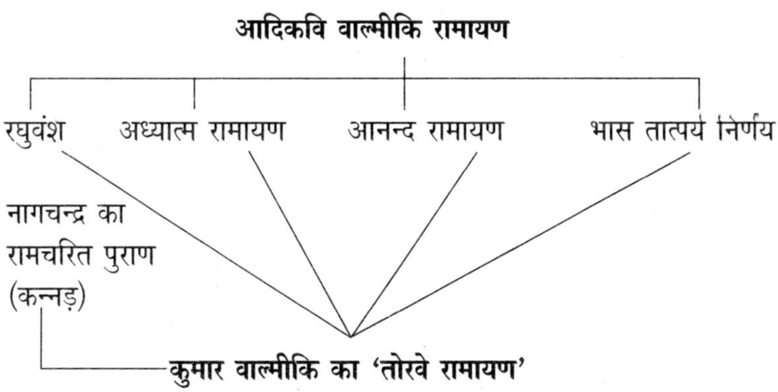

**'तोरवे रामायण' का कन्नड़ रामायण पर प्रभाव**

| नरहरि कवि का मैरावण काळग | बत्तलेश्वर रामायण | सुग्रीव हनुमद्रामायण | कपोत चरिते | यक्षगान कथानक |
|---|---|---|---|---|

| | |
|---|---|
| पुत्रकामेष्टि मत्तु सीताकल्याण | नागास्त्र कुम्भकर्ण काळग |
| पादुका पट्टाभिषेक | कुम्भकर्ण काळग (युद्ध) |
| पंचवटि-खरदूषण काळग (युद्ध) | अतिकाय काळग |
| वालि-सुग्रीवर काळग | इंद्रजितु काळग |
| चूड़ामणि-लंकादहन | कालनेमि...काळग |
| सेतुबन्धन | रावण वधे |
| अंगद सन्धान | श्रीराम पट्टाभिषेक |

# 'कौशिक रामायण' (बत्तलेश्वर रामायण)

डॉ. मनोरंजिनी एम. कोटेमने

भारतीय वाङ्मय एवं भारतीय जनमानस में राम-चरित का अपना ही एक विशेष महत्त्व है। कवियों ने भगवान राम के मर्यादा पुरुषोत्तम, लोकरक्षक और लोकरंजक रूपों का दिग्दर्शन कर अपने जीवन को सार्थक बनाया है। हम सब जानते ही हैं कि राम-चरित-धारा के आदि-प्रणेता तो महर्षि वाल्मीकि हैं। उनकी रामायण 'वाल्मीकि रामायण' से जगत् प्रसिद्ध है। इस कृति के आधार पर ही संस्कृत, हिन्दी, बंगला, कन्नड़, तमिल, तेलुगु आदि विभिन्न भारतीय भाषाओं के भक्त कवियों ने राम-चरित लिख कर अपने को पवित्र मानते हुए भारतीय संस्कृति को उजागर किया है।

उपलब्ध जानकारी के अनुसार कन्नड़ में अब तक लगभग 700 से अधिक राम-चरित लिखा गया है। इनमें एक प्रमुख मध्यकालीन कृति है—'कौशिक रामायण' जिसे कर्नाटक के महाकवि बत्तलेश्वर ने लिखा है। अतः इस कृति को 'बत्तलेश्वर रामायण' नाम से भी जाना जाता है। राम की कथा को कथनक्रम में तात्विकता को ले जाते हुए आवश्यकतानुसार वर्णन/निरूपण तन्त्र के द्वारा कथा का विस्तार एवं संक्षेप किया गया है। इतना ही नहीं इस कृति में भाषा का सहज प्रवाह, भाव-भूमि, उक्ति-वैचित्र्य और अर्थ-गौरव का दर्शन होता है। भामिनी छन्द में रचित यह रामायण, वाल्मीकि रामायण से भिन्न है। दरअसल यह काव्यकृति ताड़पत्र में उपलब्ध होती है जिसे कन्नड़ के प्रसिद्ध साहित्यकार एवं ज्ञानपीठ पुरस्कार से पुरस्कृत डॉ. शिवराम कारंत जी ने सम्पादित किया है।

'कौशिक रामायण' की रचना कर्नाटक की एक बोली 'हव्यक' कन्नड़ में हुई है। अतः यह रामायण कर्नाटक के उत्तर कन्नड़, दक्षिण कन्नड़ और शिवमोग्गा जिलों में अधिक लोकप्रिय है, जहाँ हव्यक ब्राह्मण जनसमुदाय बड़ी मात्रा में बसा है। रचना के इर्द-गिर्द देखें तो यह स्पष्ट होता है कि इसकी रचना न केवल राम-चरित के गुणगान कर अपने को धन्य मानने के लिए लिखी गयी है, बल्कि उस प्रदेश के जनसमुदाय को, उनकी बोली, तत्कालीन रीति-रिवाज, सम्प्रदाय, लोकमानस को प्रतिबिम्बित किया गया है। इतना ही नहीं उक्त जिलों में इस 'रामायण' का कथावाचन भगवान की भाँति हव्यक जनसमुदाय में होता था। परन्तु यह कृति केवल हस्तप्रति अर्थात् ताड़पत्र में ही रह जाने से और मुद्रित प्रतियों का अभाव होने के कारण कथा-वाचन-श्रवण परम्परा कालक्रम में लुप्त हो गयी और यह ध्यान देने की बात है कि आज की सदी में ताड़पत्रों को पढ़नेवाले भी बहुत ही कम हो गये या नहीं के बराबर हैं। अतः यह 'रामायण' उपेक्षित रह गयी है।

'कौशिक रामायण' के रचयिता बत्तलेश्वर शिव-विष्णु का आराधक एक हव्यक कवि है। उसने खुद को 'वरकवि' कहा है और कृति में कहीं न कहीं 'निर्वाण नायक' एवं 'निर्वाणलिंग' पर्यायवाची नाम का भी प्रयोग किया है। परन्तु डॉ. कारंत जी का कहना है कि किसी भी हस्तलिखित प्रति में ऐसा कोई नाम नहीं है। काव्य के कुछ सन्दर्भों में जैसे कि ऐरावण युद्ध में दो-एक बार, रुण्ड-भैरव

के कथा-प्रसंग में 'बत्तलेश्वर' पद प्रयुक्त है और उनके देश-काल के बारे में भी काव्य में उल्लेख नहीं है। काव्य में इनके पद-प्रयोग, रामायण में दिये गये दैनंदिन कार्यकलापों के विवरण एवं कर्नाटक के उत्तर कन्नड़ जिले के पर्वतीय प्रदेश में स्थित एक प्रसिद्ध क्षेत्र याण के भैरवेश्वर की स्तुति इन सभी से यह अन्दाजा लगाया जाता है कि यह कवि याण के आस-पास स्थित किसी गाँव के होंगे और उन्हें वेद, उपनिषद्, रामायण, महाभारत, भागवत एवं पुराणों का गहरा परिचय था। कवि बत्तलेश्वर का काल लगभग 17वीं शती का उत्तरार्द्ध होगा। डॉ. शिवराम कारंत जी को उपलब्ध प्राचीन हस्तप्रति का काल है—सन् 1634। इससे यह बताया जा सकता है कि कवि 16वीं शती के होंगे। कवि बत्तलेश्वर पर कन्नड़ के मध्यकालीन कवि नागचन्द्र, अल्लमप्रभु, राघवांक एवं कुमारव्यास का प्रभाव है। अतः यह भी कह सकते हैं कि बत्तलेश्वर 13वीं शती के बाद आते हैं। इतना ही नहीं 'प्रह्लाद चरित्रे' के रचयिता कवि चेन्निग (1700 ई.) ने भी अपनी कृति के आरम्भ में बत्तलेश्वर का स्मरण किया है। अतः यह अन्दाजा लगाया जा सकता है कि कवि का काल 16वीं शती का अन्त और 17वीं शती का आरम्भ होगा।

उपलब्ध जानकारी के अनुसार इस कवि की एक छोटी-सी रचना है—'रुण्डभैरव काळग'। श्री एन.के. हेगड़े जी के अनुसार इस कवि की कुछ अन्य रचनाएँ भी हैं—'ऐरावणन काळग', 'भूलोकासुरन काळग' और अप्रकाशित कृति 'गोकर्ण पुराण'।

'कौशिक रामायण' छह (6) काण्ड एवं 44 सन्धियों (सर्गों) में विभाजित महाकाव्य है। क्रम से कथा का विस्तार और संक्षिप्त वर्णन है। बालकाण्ड, अयोध्याकाण्ड, अरण्यकाण्ड, किष्किन्धाकाण्ड और सुन्दरकाण्ड में संक्षिप्त वर्णन है तो युद्धकाण्ड का विस्तृत वर्णन मिलता है। 12वें सन्धि (सर्ग) से लेकर 44वें सन्धि तक युद्ध वर्णन है। सर्ग 39 और 40वें इन पूरे दो सर्गों में 'ऐरावण युद्ध' का

वर्णन है, जो 'वाल्मीकि रामायण' में उपलब्ध नहीं है।

श्री एन.एस. कृष्ण जोयिस के अनुसार "कवि बत्तलेश्वर ने अपनी 'रामायण' के लिए प्रमुख रूप से 'वाल्मीकि रामायण' का अनुसरण करने पर भी जहाँ-जहाँ 'वाल्मीकि रामायण' से कुछ हटकर कथा हैं, वहाँ-वहाँ संस्कृत के 'आनन्द रामायण' और कर्नाटक के जनपदीय रामायण का अनुसरण किया है।" परन्तु यह भी ध्यान देने की बात है कि इन जिन रामायणों का अनुसरण कर कवि कथानक लिखने पर भी इन रामायणों में जो प्रसंग, विवरण नहीं मिलता है वह कौशिक रामायण में उपलब्ध होता है। उदा.—किष्किन्धाकाण्ड के बालि-सुग्रीव के सन्दर्भ में, उनके जन्म के बारे में बत्तलेश्वर कहते हैं—बालि-सुग्रीव का जन्म, सूर्य और इन्द्र दोनों अहल्या से मिलने से हुआ है।

इसी प्रकार अरण्यकाण्ड में हम देखते हैं—जब श्री राम वनगमन करने के उपरान्त मन्दाकिनी के किनारे सीता की गोद में सिर दिये सो गये थे, तब काकासुर नामक राक्षक आकर सीता के स्तन पर तेजी से चोंच मारता है जिससे सीता को गहरा घाव हुआ। बाद में सीता पर मुनियों ने अनेक तीर्थों का जल छिड़का और शान्ति पाठ किया। 'वाल्मीकि रामायण' में काकासुर सीता के पाँव की अँगूठी को मांस समझकर खाने आता है। इसलिए यहाँ यह स्पष्ट होता है कि कवि बत्तलेश्वर ने देश-काल के अनुसार कुछ बदलाव किया है।

अरण्यकाण्ड में एक और बदलाव शम्बूक के कथानक में देखते हैं। 'बत्तलेश्वर रामायण' में शम्बूक शूर्पनखा का पुत्र है, जो कुबेर से अपमानित होकर बदला लेने के लिए तप कर रहा है। विप्र वेशधारी कुबेर के कहने पर शम्बूक की हत्या लक्ष्मण करता है और अपने पुत्र की हत्या करनेवाले से बदला लेने के लिए क्रोधित शूर्पनखा सीतापहरण का जाल बिछाती है। वाल्मीकि की शूर्पनखा राक्षस रूप में ही राम से मिलती है और राम के संवाद में हास-परिहास से ही उसकी सुन्दरता एवं कुरूपता का वर्णन किया गया है।

किष्किन्धाकाण्ड में हनुमान की जन्मकथा जो आती है, वह वाल्मीकि रामायण की कथा से बिल्कुल हटकर है। इस कथा में पुराण कथा की सत्यता-मिथ्यता का सम्मिश्रण है। भारद्वाज मुनि को हाथी-रूपी दानव से बचाने से कपिश्रेष्ठ केसरी को सबसे बलवान, बुद्धिमान पुत्र का वरदान मिला। शिव से शापित अप्सरा ने कुंजर नाम के वानर राजा की कन्या अंजना रूप में जन्म लिया, बड़ी होने पर केसरी से उसका ब्याह तय हुआ। परन्तु केसरी, अंजना का आँचल खींचकर बचकानी शरारत करने पर मुनि क्रोधित हो गये और वरदान वापस ले लिया। इससे दुःखित होकर पति-पत्नी दोनों तप करने लगे। उस समय भूमण्डल की परिक्रमा करते-करते मृड़-शिव जी अंजना के आश्रम पहुँचे और कपि रूप में मृड़ानी की इच्छा के अनुसार समागम किये जिससे हनुमान का जन्म हुआ। यह कथा वाल्मीकि रामायण में उपलब्ध नहीं होती है।

एक महत्त्वपूर्ण सन्दर्भ जो 'वाल्मीकि रामायण' में नहीं मिलता वह 'कौशिक रामायण' में उपलब्ध होता है। वह है—बालि का अन्तिम समय। बालि-सुग्रीव युद्ध के सन्दर्भ में जब राम मानुष स्वभाव से आड़ में रहकर बालि का वध करते हैं, तब उन्हें अपनी गलती का एहसास होता है और कहते हैं कि—"मैं तुम्हें पहले जान न पाया। व्यथित न हो। जीवित रहने तक तुम्हारी सुरक्षा करूँगा। जलन से उत्पन्न सन्ताप दूर कर पहले की तरह तुम्हें रहने दूँगा।" तब बालि कहता है—"यह शरीर तो नश्वर है। एक न एक दिन मृत्यु आ ही जाएगी। मृत्यु के लिए एक-एक बहाना होता है। तुम्हारे चरणकमलों में प्राण समा सके और तुम्हारे सामने इस लोक से कोई विदा हो जाए तो उससे अधिक भाग्यशाली कौन होगा?" यहाँ राम द्वारा बालि के जीवित रहने तक रक्षा करने की बात हास्यास्पद है।

इसी प्रकार 'बत्तलेश्वर रामायण' में आगे चलकर हम सुन्दरकाण्ड में एक अलग तरह के बदलाव देखते हैं। जब हनुमान सीता की खोज में निकलते तब राम से सीता को पहचानने के कुछ लक्षण पूछते हैं, तब श्रीराम सीताजी के बाह्यरूप का वर्णन करते-करते सीता के बायें स्तन पर काक की चोंच के घाव के बारे में बताते हैं। "हनुमान! उसकी केशराशि भ्रमर-समूह-सी घनी काली है। नयनों में चपला की चमक है। शुक्ल पक्ष की पूर्णिमा के इन्दु-सा वदन है। पदतल में कमल, वज्र के चिह्न हैं। सुडौल ग्रीवा है। बायें स्तन पर काक की चोंच का घाव है।" अगर हम भारतीय संस्कृति के धरातल पर सन्दर्भों को परखें तो, जो एक पुरुष अपनी पत्नी के बारे में गुप्त रखनेवाले सन्दर्भ हैं, उसे पर-पुरुष के सामने नहीं कहते। इतना ही नहीं अपनी पत्नी के बायें स्तर पर काक से हुआ घाव के बारे में बताते तो वह पर-पुरुष किस हद तक उसे पहचान सकेगा? या वह स्त्री क्या उसके बारे में बता सकेगी? ऐसा प्रश्न उठता है, तो यहाँ मर्यादा पुरुषोत्तम श्रीराम की कल्पना श्रोता व पाठक गण पर किस हद तक सफल होगी? और इसी प्रकार काम-क्रीड़ा के बारे में भी प्रश्न उठता है। परन्तु श्रीराम का जो रूप भारतीय जनमानस में है, उसे न बिगाड़ते हुए कथा को सूक्ष्म रीति में हेर-फेर कर सँजोया गया है। इस कथा के परिवर्तन के रूप को देखें तो यह स्पष्ट होता है कि 'कौशिक रामायण' को जनपद रामायण की गीतिकथा के अनुरूप लिखा होगा।

'कौशिक रामायण' में सिर्फ दोष ही नहीं, बल्कि कुछ प्रशंसा करनेवाले एवं हृदयस्पर्शी सन्दर्भ भी देख सकते हैं। युद्ध में जब लक्ष्मण मूर्च्छित होता है, तब राम का दुःख सहज, सरल शोकातिरेक का वर्णन मर्मस्पर्शी है। इसी प्रकार सीता का शोक, राम का विरह वेदन, इन्द्रजीत युद्ध में असफल राम को देखकर सीता का दुःख, माया सीता का शोक, इन्द्रजीत के मृत्युपरान्त उसकी माँ एवं पत्नी का शोक, ऐरावण से राम-लक्ष्मण का अपहरण होने पर विभीषण का विलाप आदि विशिष्ट ही इन सभी सन्दर्भों का चित्रण वाल्मीकि रामायण की अपेक्षा वैशिष्ट्यपूर्ण एवं मर्मस्पर्शी है।

विद्वानों के अनुसार 'कौशिक रामायण' में उपलब्ध पाताल लंका और ऐरावण का सन्दर्भ वाल्मीकि रामायण में उपलब्ध नहीं है। 'कौशिक रामायण' के श्रीराम-रावण के युद्ध के सन्दर्भ में यह लोककथा एवं काल्पनिक कथा उपलब्ध होती है। उत्तर कन्नड़, दक्षिण कन्नड़ और शिवमोग्ग के क्षेत्र में प्रचलित यक्षगान अर्थात् रामायण और लोककथा के सम्मिश्रण रूप में यह कथा है। युद्ध में जब रावण को पराजय का एहसास होने लगता है, तब पाताल लंका के अधिपति ऐरावण से सहायता माँगता है। तब युद्ध के एक रात ऐरावण विभीषण का वेश धारण कर सोये हुए राम-लक्ष्मण दोनों को पाताल उठा ले जाता है और अपनी कुलदेवी कंकणा को बलि चढ़ाने का संकल्प करता है। उधर राम की सेना में श्रीराम-लक्ष्मण न रहने से विभीषण को विदित हुआ कि यह कार्य ऐरावण का ही है। वह हनुमान को पाताल लंका का रास्ता बताकर तुरन्त भेजता है। सूक्ष्म रूप धारण कर हनुमान ने पंकज सरोवर द्वारा पाताल लंका पहुँचकर ऐरावण का युद्ध में वध किया और बलि चढ़ाने लिटाये राम-लक्ष्मण को छुड़ा ले आया।

ऐरावण युद्ध के सन्दर्भ में जब हनुमान विभीषण से रास्ते का पता लगाकर, पंकज सरोवर के पुण्डरीक के नाल के द्वारा पाताल लंका जा रहे थे, तब एक मत्स्यवानर ने उसे निगल लिया। मत्स्यवानर की शक्ति देख हनुमान आश्चर्यचकित होकर पूछता है—तुम कौन हो? तब वह कहता है—हनुमान पुत्र हूँ। यह सुनकर हनुमान को अचरज हुआ क्योंकि हनुमान ब्रह्मचारी हैं। तब मत्स्यवानर कहता है कि जब हनुमान सूरज को तोड़ने भानुमण्डल की ओर लपके थे, तब एक पसीने की बूँद पानी में गिरी तो उस बूँद को मछली निगल गयी। मछली के पेट में गर्भ ठहर गया और इससे मत्स्यवानर का जन्म

हुआ। यह कथा जान पड़ते ही मारुति खुश हो जाते हैं। लोक रामायण में हनुमान पंचमुखी बनकर राम-लक्ष्मण को बचा लेता है। परन्तु उसकी सन्तान के बारे में उल्लेख नहीं। भारतीय जनमानस में हनुमान के आजन्म ब्रह्मचारी का जो रूप बिम्बित है, वह यहाँ टूट जाता है।

आगे चलकर 'कौशिक रामायण' के युद्धकाण्ड के अन्त में राम-रावण युद्ध के तदुपरान्त सूचना देने और सीता माता पर शंका-सन्देह का जो सन्दर्भ है, वह अन्य रामायण में दुर्लभ है। युद्ध का अन्त होते ही श्रीराम रावण-वध की सूचना हनुमान के द्वारा सीता को भेजते हैं, सूचना सुनकर सीता माता खुश हो जाती हैं और सहज रूप में हनुमान से पूछती हैं—'जानकी से मिलो और उन्हें साथ लिवा लाना, यह भी आदेश तुम्हें मिला होगा।' इस पर हनुमान बोले—'आदेश अभी तक मिला नहीं।' यह सुनकर सीता माता चिन्तित हो गयीं। इधर हनुमान के प्रार्थना करने पर राम ने सीता को आने की अनुमति दी। सीता माता के राम के शिविर पहुँचते ही श्रीराम ने उन्हें पूर्णतया स्वतन्त्र होने की घोषणा की और सीता पर भेद से राम को मृग के पीछे भगा देने का, अपशब्द सुनकर लक्ष्मण को राम की खोज में भटकाने का और बड़े नखरे दिखाते दनुज रावण के साथ जाने का आरोप लगा देते हैं। सीता विलाप करती हैं। सीता माता के पर-पुरुष के यहाँ रहने पर भगवान श्रीराम मानुष स्वभाव से उसे शंका से देखते और अग्नि परीक्षा करवाते हैं। वाल्मीकि रामायण में अग्नि परीक्षा लंका में नहीं अयोध्या में होती है और राम को अयोध्या आने के बाद लोगों की कहा-सुनी सुनकर शंका उत्पन्न हो जाती है।

सूक्ष्मरूप से इस काव्यकृति में संवादों की वैशिष्ट्यता, सहज एवं चमत्कारी रूप में देसी शब्दों, मुहावरों, कहावतों का प्रयोग अधिक मात्रा में देख सकते हैं। प्रमुखतः उत्तर कन्नड़ जिले के देसी शब्दों का प्रयोग हुआ है। इस कारण से भी बत्तलेश्वर को उत्तर कन्नड़ जिले के कवि मान सकते हैं। इतना ही नहीं 'कौशिक रामायण' में तत्कालीन जनजीवन के अनुसार ही रामकथा लिखी गयी है। इससे स्पष्ट होता है कि तत्कालीन लोग ज्योतिष, शकुन, जादू-टोना आदि में गहरा विश्वास रखते थे।

इस प्रकार पूरी कृति में कवि बत्तलेश्वर ने पात्रों की कल्पना करते-करते सहज एवं समयानुरूप से संवादों को कथागायन में सँजोया है। मानवीय सहज भाव, सन्दर्भ, अर्थपूर्ण संवाद, अलंकारों द्वारा हास्य निरूपण, उत्तर कन्नड़ जिले की देसी बोली, तत्कालीन लोक जीवन चित्रण, सहज एवं वैशिष्ट्यपूर्ण है। कवि बत्तलेश्वर ने वाल्मीकि रामायण का अनुसरण कर अपने पूर्व कवियों से प्रेरणा पाकर इस प्रमुख कृति की रचना की है। अतः हम इस काव्यकृति को कन्नड़ की महत्त्वपूर्ण एवं लोकप्रिय कृति कह सकते हैं और कवि बत्तलेश्वर को उनके अपने शब्दों में 'वरकवि' कह सकते हैं।

## सन्दर्भ ग्रन्थ


1. कौशिक रामायण—डॉ. रामचन्द्र (हिन्दी अनुवाद)
2. बत्तलेश्वर रामायण (कन्नड़)—सम्पादक एन.के. हेगड़े
3. बत्तलेश्वर रामायण—डॉ. एल. आर. हेगड़े
4. लंकादहन—डॉ. एल. आर हेगड़े

# कवि मुद्दण का 'श्री रामाश्वमेध' : एक विवेचन

**डॉ. उमा हेगड़े**

'श्री रामाश्वमेध' काव्य के रचनाकार कवि मुद्दण नाम से ही विख्यात नंदिळिके लक्ष्मीनारायण हैं। 'मुद्दण' उनका काव्य नाम है। कवि 'मुद्दण' का जन्म 24 जनवरी, 1820 में शुक्ल संवत् के पौषमास के कृष्ण पक्ष सोमवार के दिन नंदळिके नामक गाँव में हुआ। उनके पिता का नाम पाठाळी तम्मय्य है, जो गाँव के मन्दिर में जीवन यापन के लिए छोटे-मोटे काम करते थे। उनकी माँ का नाम लक्ष्मम्मा रहा। नंदळिके आज के उडुपि जिले के कार्कळ तालुका का छोटा-सा गाँव है।

कहा जाता है कि बालक लक्ष्मीनारायण बहुत सुन्दर और प्यारा था। कन्नड़ भाषा में 'मुद्दु' का मतलब लाड़ला या प्यारा होता है। घर में उसे 'मुद्दु' मुद्दण नाम से ही पुकारते थे। बाद में यह लाड़-प्यार से पुकारे गये नाम को ही लक्ष्मीनारायण ने अपना काव्य नाम बना दिया। क्योंकि वह गाँव भर में उसी नाम से जाना जाता था। मुद्दण के दो छोटे भाई थे जिनका नाम शिवराजय्या और रामकृष्ण था। उनके दो चाचा थे जिनका नाम रामप्पा और लिंगण्ण था। मुद्दण का विवाह शिवमोग्गा जिले के कागेकोडमग्गी गाँव के नारणप्पय्या की बेटी कमला नामक कन्या से हुआ था। इनके इकलौते बेटे का नाम राधाकृष्ण है।

मुद्दण की प्राथमिक शिक्षा नंदळिके गाँव में ही हुई। बालक मुद्दण मन्दिर के परिवेश में ही बड़े होने के कारण उसे बचपन से ही भजन-कीर्तन आदि गाने में रुचि रही। भगवान के सामने तन्मय भाव से भजन गाया करता था। मन्दिर के परिवेश में सदा भजन-कीर्तन, यक्षगान आदि सम्पन्न होते थे। इनमें अधिकतर रामायण और महाभारत के कथा-प्रसंग को लेकर पद लिखे जाते हैं। पृष्ठभूमि में एक भागवत ताल के साथ कथा प्रसंग आता है। मृदंग, चण्डे नामक एक विशिष्ट चर्मवाद्य साथ में रहता है। जब भागवत कथा-प्रसंग का पद गाता है उसके अनुसार पात्र अभिनय करते हैं और अभिनय के उपरान्त संवाद द्वारा कथा को आगे बढ़ाया जाता है। कर्नाटक में यह एक अत्यन्त लोकप्रिय लोक-नाट्य है। उन दिनों मुद्दण अपने सुरीले कण्ठ से यक्षगान के पदों को गाया करते थे।

प्राथमिक शिक्षा के उपरान्त मुद्दण उडुपि के अँग्रेजी स्कूल में दाखिल हुए। परन्तु उनकी गरीबी के कारण अँग्रेजी-शिक्षा का सपना अधूरा ही रह गया। इसी बीच में वे कन्नड़ विषय को लेकर उत्तीर्ण हुए।

गरीबी के कारण शिक्षा अधूरी ही रह गयी। इस कारण उन्हें कहीं भी नौकरी नहीं मिली। उनकी प्रतिभा को देखकर स्कूल के मुख्योपाध्यायजी ने उन्हें मदद करने का संकल्प किया जिससे मुद्दण को आगे दैहिक-शिक्षा पाने का अवसर मिला। दैहिक-शिक्षा के साथ उन्हें कन्नड़, तुळु, तेलुगु आदि भाषाओं का सही रीति से अध्ययन करने का अवसर मिला। आगे मद्रास में अध्ययन करने के उपरान्त वे उडुपि के अँग्रेजी स्कूल में दैहिक-शिक्षक के रूप में नियुक्त हुए। वहीं एक किराये के

छोटे से मकान में घर बसाकर साहित्य सेवा में जुटे रहे।

बचपन से ही मुद्दण को संगीत के प्रति विशेष रुचि थी जो उनमें उडुपि के वातावरण में पनपी। वे लघु कविता लिखकर उसे लय के साथ अपने सुरीले कण्ठ से गाया करते थे। यहाँ के लोकनाट्य 'यक्षगान' के प्रति इनकी विशेष अभिरुचि थी। उनके गाँव और आसपास के गाँव में वर्षा ऋतु को छोड़कर अन्य काल में लगभग हर दिन-रात भर यक्षगान का खेल खेला जाता था। मुद्दण आरम्भ में यक्षगान के पदों को लय के साथ गाना और अभिनय करना, नाचना आदि करते रहते थे। उसके बाद उन्होंने स्वतन्त्र रीति से 'रत्नावली कल्याण' नामक यक्षगान कृति की रचना की। उसके बाद उन्होंने 'कुमार विजय' नामक और एक यक्षगान-प्रसंग लिखा। उनकी मेरु कृति जो गद्य में लिखी हुई है वह कन्नड़ का प्रथम काव्य माना जाता है। वह चम्पू शैली में लिखा हुआ है। संस्कृत में जो स्थान बाणभट्ट का है वही स्थान कन्नड़ काव्य में मुद्दण का है।

उपर्युक्त ग्रन्थों के अलावा उन्होंने अन्य गद्य कृतियों की रचना भी की है। वे हैं–'अद्भुत रामायण' और 'श्रीराम पट्टाभिषेक'। कन्नड़ काव्य के सन्दर्भ में मुद्दण का काल संक्रमण काल था। उस समय लोगों की रुचि धीरे-धीरे गद्य की ओर बढ़ रही थी। इसीलिए स्वयं मुद्दण ने अपने ग्रन्थ 'श्री रामाश्वमेध' में पत्नी मनोरमा के मुँह से कहलवाया कि 'पद्यम् वद्यम् गद्यम् हृद्यम्'। कन्नड़ राम काव्य परम्परा में मुद्दण द्वारा विरचित 'श्री रामाश्वमेध' का स्थान अद्वितीय है। काव्य-शैली की दृष्टि से वह एक चम्पू काव्य है जिसमें पद्य और गद्य दोनों समाहित रहते हैं। जिस काल में पद्य की ही प्रधानता थी उस काल में कवि ने चम्पू में लिखने का साहस किया था।

मुद्दण की मेरु कृति 'श्री रामाश्वमेध' के अलावा उनके द्वारा रचित दोनों ग्रन्थ 'अद्भुत रामायण' और 'श्रीराम पट्टाभिषेक' श्रेष्ठ स्तर के ग्रन्थ हैं। ये दोनों ग्रन्थ उस काल में मद्रास विश्वविद्यालय के पाठ्यक्रम के लिए स्वीकृत हुए थे। यह कवि की काव्यप्रतिभा के लिए ठोस उदाहरण है। ऐसे महान प्रतिभावान कवि मुद्दण को जिन्दगी भर आर्थिक विपन्नता से विवश होना पड़ा। खेद की बात है कि कन्नड़ के एक प्रतिभा सम्पन्न कवि की मृत्यु अत्यन्त कम उम्र में अर्थात् 38 वर्ष की उम्र में हुई। कहा जाता है कि वे राजयक्ष्मा (तपेदिक) से पीड़ित थे। उस समय तपेदिक के लिए सही औषधोपचार भी नहीं मिलता था। गरीबी के कारण रोग निवारण करने लायक उपचार भी न हो पाया था।

## 'श्री रामाश्वमेध' की कथावस्तु

काव्य के शीर्षक से ही मालूम होता है कि इस काव्य में श्रीराम द्वारा जो अश्वमेध यज्ञ होता है उस कथा-प्रसंग की वस्तु है। काव्य का आरम्भ वर्षा ऋतु के वर्णन से होता है। इस काव्य में कवि मुद्दण भी काल्पनिक पात्र है। वह एक दरबारी कवि है। कवि को जीवन भर आर्थिक संकट झेलना पड़ा। परन्तु इस काव्य कृति में वह एक सम्पन्न राजाश्रित कवि है। उसकी पत्नी मनोरमा भी काल्पनिक पात्र है।

'श्री रामाश्वमेध' सोलह सर्गों में विभक्त है। प्रथम सर्ग में कथा की पीठिका दी गयी है। वर्षा ऋतु के वर्णन से इस सर्ग का आरम्भ होता है। 'अगस्त्यागमनम्' नामक द्वितीय सर्ग में अयोध्या में अगस्त्य मुनि का आगमन होता है। वे राक्षसों के वध के पाप से मुक्त होने के लिए राम को अश्वमेध यज्ञ करने का उपदेश देते हैं। यज्ञोपदेशम् नामक तृतीय सर्ग में राम को यज्ञोपदेश देने का वर्णन है। चतुर्थ सर्ग का नाम 'गर्भधारणम्' है, जिसमें सीता का गर्भवती होने का चित्रण किया गया है। पंचम् सर्ग का नाम 'सीता परित्यागम्' है। इस सर्ग में धोबी के व्यंग्य से दुःखी राम द्वारा सीता परित्याग और लक्ष्मण द्वारा सीता को घने जंगल में छोड़ आने का चित्रण चित्रित हुआ है। 'वाल्मीकि दर्शनम्' नामक षष्ठ सर्ग में वाल्मीकि मुनि द्वारा सीता को अपने आश्रम ले जाने का वर्णन है। सप्तम सर्ग का नाम 'विजय प्रयाणम्' है जिसमें शत्रुघ्न द्वारा यज्ञाश्व के साथ जाने का वर्णन आता है। अष्टम सर्ग में शत्रुघ्न के मन्त्री सुमन्त द्वारा च्यवन मुनि की गरिमा का वर्णन और च्यवन मुनि और राजा शर्याति की पुत्री सुकन्या के विवाह-प्रसंग का वर्णन है। दशम सर्ग का नाम 'नीलाचल दर्शनम्' है, जिसमें कवि ने महाकाव्य के तत्त्व के अनुसार नदी, पर्वतों का सविस्तार वर्णन किया है। एकादश सर्ग का नाम 'सुबाहु युद्धम्' है, जिसमें चक्रांकपुर का युवराज दमन और उसके पिता सुबाहु द्वारा यज्ञाश्व का बन्धन और शत्रुघ्न सेना के साथ घोर युद्ध में पराजित होने का वर्णन है। द्वादश सर्ग का नाम 'तेजपुर वर्णनम्' है, जिसमें गोमाता की कृपा से सन्तान भाग्य प्राप्त करके 'तेजपुर' के राजा ऋतुम्बर नामक राजा की धवल कीर्ति और उसके पुर का सुन्दर वर्णन है। त्रयोदश

सर्ग का नाम है—'अरण्य मुनि दर्शनम्' जिसमें अरण्यक मुनि की महिमा का वर्णन और शत्रुघ्न द्वारा उनके दर्शन का वर्णन है। इस सर्ग में यज्ञाश्व योगिनी नामक तपस्विनी द्वारा शासित स्त्री राज्य में प्रवेश करना और योगिनी का आशीर्वाद पाकर अमरावती सदृश देवपुर के प्रवेश करने का वर्णन है। इसके बाद रुक्मांगद के साथ शत्रुघ्न सेना का युद्ध और युद्ध क्षेत्र में राम का आगमन और रुक्मांगद द्वारा हार मानकर राम को भेंट देने का वर्णन है। 'हनुमत्पराजयम्' नामक पन्द्रहवें सर्ग में राम के परम भक्त सुरथराज और हनुमान के बीच घोर युद्ध होता है। इसमें सुरथ की जय होती है। हनुमान को सुरथ की राम भक्ति का परिचय होता है। सोलहवें सर्ग में काव्य का उपसंहार है। इसमें सीताराम का पुनर्मिलन होता है। लवकुश के साथ राम युद्ध करते हैं। वीर बालकों का परिचय राम को वाल्मीकि मुनि द्वारा होता है। लवकुश वाल्मीकि रामायण को सुरीले कंठ से गाते हैं। अन्त में राम और सीता वीर बालकों के साथ अयोध्या लौटते हैं। वहाँ सीता समेत अश्वमेध यज्ञ सम्पन्न होता है। कवि सभी की मंगल-कामना करते हैं।

कवि इन सोलह सर्गों द्वारा महाकाव्योचित अष्टादश वर्णन करते हैं। इनमें सकल ऋतुओं का वर्णन, नदी, पर्वत, पुर, नगर, वनस्पतियों का वर्णन, खाद्य, भोजन, वेश-भूषा, रहन-सहन, सत्कार, औषधोपचार, युद्ध, युद्ध-नीति, सदाचार, पर्व, त्योहार आदि अनेक विषयों का वर्णन विस्तार के साथ इस काव्य में हुआ है। अन्त में कवि मुद्दण काव्योचित रीति से मंगलाचरण करते हैं।

कथा का आरम्भ इस तरह होता है—वर्षा ऋतु की दिन भर झरनेवाली मूसलाधार वर्षा से मनोरमा ऊब गयी है। राज दरबार से पति घर लौटते ही मनोरमा उसका उपचार करती है। दूध और फल देकर उसके दिन भर की थकावट दूर करती है। पति का प्रसन्न मुख देखकर धीरे से धीमी आवाज से अपनी मनोकामना को पति से व्यक्त करती है। उसे किसी सुन्दर कहानी सुनने की प्रबल इच्छा हुई है। मुद्दण के पूछने पर मनोरमा ही सूचना देती है। 'रामायण' के किसी प्रसंग को लेकर कथा सुनाएँ। मुद्दण मनोरमा की इच्छानुसार श्रीराम द्वारा सम्पन्न अश्वमेध यज्ञ की कथा सुनाने को तैयार होते हैं। पीठिका के रूप में श्रीराम जन्म, उनकी अलौकिक महिमा, अयोध्या नगर का वर्णन आदि आता है।

श्रीराम का शासन चल रहा है। उनके शासन में अयोध्या की प्रजा के सुख के दिन बीत रहे हैं। उसी बीच अगस्त्य मुनि अपने शिष्यों के साथ राम के दरबार में प्रवेश करते हैं। वे राम द्वारा कुशल मंगल पूछने के उपरान्त उपदेश देते हैं कि रावण कुम्भकर्णादियों के वध के पातक से मुक्त होने के लिए तुम्हें अश्वमेध यज्ञ करना होगा। अगस्त्य मुनि के उपदेश के अनुसार श्रीराम वशिष्ठ मुनि के मार्गदर्शन में अश्वमेध यज्ञ करने के लिए सकल रीति की तैयारी करने में जुट जाते हैं। परन्तु समस्या आती है कि याज्ञिक सपत्नीक होना अनिवार्य है। तो सीता के सोने की प्रतिमा; साथ में रखकर यज्ञ सम्पन्न करने के बारे में सोचते हैं। यहाँ कवि ने अत्यन्त कुशलता के साथ कथा-प्रसंग का आरम्भ किया है। यहाँ कवि ने सीधा सीता परित्याग की कथा को काव्य के आरम्भ में ही बताने के बदले घुमा-फिराकर सुखद प्रसंग के उपरान्त दुःखद घटना का अंकन किया है। रामकथा सुनानेवाले मुद्दण की भोली-भाली पत्नी मनोरमा पूछती है—"आप सीता के सोने की प्रतिमा का जिक्र कर रहे हैं; क्या सीता मायके गयी है?" तब मुद्दण सीता परित्याग की कथा आरम्भ करते हैं। कवि कहता है—यहाँ राम केवल सीताराम नहीं हैं। वे राजाराज हैं। इसीलिए रजक की बात सुनकर सीता को परित्याग करने का निर्णय लेते हैं। राजाज्ञा के अनुसार लक्ष्मण सीता को रथ में बिठाकर ऋष्याश्रम जाने का बहाना करके घने जंगल ले जाते हैं। वहाँ जाने के उपरान्त सीता को राजाज्ञा सुनाते हैं। तब सीता

आघात से कटे हुए कदली वृक्ष की तरह बेहोश होकर गिर जाती है। लक्ष्मण उनका उपचार करते हैं। होश आने के बाद दुःखी लक्ष्मण को स्वयं सीता ही सान्त्वना देती है। लक्ष्मण निरुपाय होकर सीताजी को वहीं छोड़कर वापस अयोध्या लौट आते हैं।

लक्ष्मण के लौट जाने के बाद सीता रामनाम का जप करते हुए वहीं बैठी रहती हैं। थोड़ी देर में उसी मार्ग से जानेवाले वाल्मीकि मुनि से उनकी भेंट होती है। वे सीता को सान्त्वना देकर अपने आश्रम ले जाते हैं। वाल्मीकि मुनि का आश्रय पाकर सीता वहीं आश्रम में अन्य आश्रमवासियों के साथ रहती हैं।

इसी बीच कवि मुद्दण और मनोरमा के बीच कुछ सरस-संवाद की योजना की गयी है। दोनों के संवाद में मनोरमा का झूठ-मूठ रूठना और मुद्दण उससे मित्रता करके उसका मन बहलाना आदि कथा भाग में एकतानता दूर होकर कुछ सरसता आती है। परन्तु कथा-प्रसंग में किसी प्रकार का रस भंग नहीं होता है। बाद में रामाश्वमेध की कथा आगे बढ़ती है।

अयोध्या से निकला यज्ञाश्व राजा-महाराजाओं के पुर में प्रवेश करते हुए वाल्मीकि आश्रम में प्रवेश करता है। घोड़े को आश्रम के दो वीर बालक बाँधते हैं। तब मनोरमा पूछती है कि वे दोनों वीर बालक कौन हैं? ऋष्याश्रम में वे क्या करते हैं? सहसा मनोरमा को याद आती है कि गर्भवती सीता की स्थिति कैसी है? प्रसव के लिए उसे मायकेवाले ले गये होंगे? तब मुद्दण लवकुश जन्म का वृत्तान्त बताते हैं। वाल्मीकि आश्रम में लवकुश, मुनि द्वारा उन्हें सकल रीति का संस्कार देना, उन्हें शस्त्राभ्यास कराना आदि का वर्णन आता है। तब मनोरमा को मालूम होता है कि राम के यज्ञाश्व को बाँधनेवाले वीर धीर बालक सीता के पुत्र लवकुश ही हैं।

राम-सीता का पुनर्मिलन होता है। राम सीता को लवकुश के साथ रथ में बिठाकर अयोध्या लौट जाते हैं।

'रामाश्वमेध' की सबसे बड़ी विशेषता उसकी संवाद योजना में निहित है। मुद्दण और मनोरमा जो हैं वे दोनों कल्पित पात्र हैं। इस काव्य का आरम्भ इन पति-पत्नी के बीच के वार्तालाप से होता है। पत्नी दिन भर घर में अकेली बैठी रहती है। शाम ढलने लगी है, अँधेरा छा रहा है। दिन के अन्तिम प्रहर में राजदरबार से थककर लौटनेवाले मुद्दण की सेवा मनोरमा प्यार से करती है। उसे गरम-गरम मीठे दूध के साथ खाने के लिए फल देती है। वर्षाकाल में तटवर्ती प्रदेश और अन्दरूनी इलाके में वर्षा एक बार शुरू होगी तो तीन-साढ़े तीन महीनों तक थमने का नाम नहीं लेगी। ऐसी स्थिति में मनोरमा पति के राजदरबार से लौटते ही किसी एक सुन्दर कौतूहलयुक्त कथा सुनने की अपनी इच्छा प्रकट करती है। वह यह सलाह देती है कि वह जो कथा सुनने जा रही है वह एकाध दिनों में पूर्ण न हो जाय। क्योंकि उसे इस घनघोर वर्षा में दिन काटना ही मुश्किल है। तब कवि मुद्दण अपनी प्रिय पत्नी की मनोभिलाषा पूरी करने के लिए ही 'श्री रामाश्वमेध' की कथा बाँचना शुरू करता है।

इस काव्य का आरम्भ वर्षा ऋतु के वर्णन से ही होता है। यह वर्णन चित्रात्मक शैली में है। तटवर्ती कर्नाटक की वर्षा का वर्णन रसिक वाचकों को रस के बौछारे से डुबो देता है। कथावस्तु में भी कवि ने नया तन्त्र अपनाया है। जब तब कथा में नीरसता आती है अथवा प्रबन्धात्मकता में कहीं रुकने की या कथा में मोड़ लेने की आवश्यकता पड़ती है, तब इस जोड़ी के प्रेममय वार्तालाप की परिकल्पना की गयी है। इसके साथ ही कवि की प्रतिभा उजागर होती है। जहाँ कथा-सूत्र में संक्षिप्तता बरतनी पड़ती है अथवा जहाँ कथा-सूत्र को संक्षिप्त में बताकर आगे बढ़ना पड़ता है वहाँ

इन दोनों के वार्तालाप के कारण कथा-सूत्र में संक्षिप्तता आ जाती है। मुद्दण की संवाद योजना तो अद्वितीय है। जब मनोरमा दीर्घ कथा सुनने की इच्छा प्रकट करती है तब रसिक मुद्दण पत्नी को छेड़ते हुए पूछता है कि ''मैं कथा जरूर सुनाता हूँ। पर तुम उसके बदले भेंट के रूप में मुझे क्या दोगी? क्योंकि राजदरबार में तो सोने का तलवार व हार देते हैं।'' तब मनोरमा कहती है, "और क्या अपने को ही अर्पित कर दूँगी'' ''तुझे देने का सवाल ही नहीं आएगा; क्योंकि तुम्हारे पिताजी ने तुम्हें पहले ही मुझे दे दिया था।" अब मनोरमा हार जाती है। फिर थोड़ी देर बाद मनोरमा कहती है—"कथा सुनने के बाद ही कोई भेंट देते हैं, तुम भी पहले कथा सुना दो, कथा पसन्द आये तो बाद में आपकी मन पसन्द भेंट जरूर दूँगी।"

पुरानी कन्नड़ में 'श्री रामाश्वमेध' लिखा गया है। उसमें पुरानी कन्नड़ के साथ ही साथ आधुनिक समसामयिक बोलचाल की भाषा के शब्द भी अत्यन्त सहज रीति से पिरोये गये हैं। वाक्य-शैली में भी आधुनिकता दिखाई देती है। स्वयं मुद्दण ने ही अपनी काव्य भाषा को 'तिरुळगन्नड' कह दिया है। उनके कहने का मतलब यह है कि उसमें आधुनिक सरल भाषा का स्पर्श हुआ है। 'श्री रामाश्वमेध' के मुद्दण-मनोरमा के सरस संवाद में भाषा के बारे में भी चर्चा होती है। कवि ने अपने काव्य को मुद्दण-मनोरमा के संवाद द्वारा आधुनिक सरल कन्नड़ भाषा के महत्त्व को स्थापित करने का प्रयास किया है। काव्य के आरम्भ में मुद्दण मनोरमा की अभिलाषा को पूरा करने के लिए रामकथा शुरू करता है। जैसे—"श्रीमत सुरासुरेन्द्र-नरेन्द्र-मुनींद्र- फणींद्र-मणिमुकुट तटिघटित..." मनोरमा उसे रोकते हुए कहती है "मैंने आपको राम की कथा सुनाने के लिए कहा था, पर आप तो सुरेन्द्र की कथा सुनाने जा रहे हैं।" मुद्दण कहता है मैं वही कथा सुनाने जा रहा हूँ। इस प्रकार का वर्णन करना संस्कृत की काव्य परम्परा है। तब मनोरमा मृदु हास से उत्तर देती है कि ''हे प्रिय, आपके काव्यारम्भ का वर्णन मुझे ऐसा हो रहा है कि किसी के गले से पानी निगलना ही कष्ट है'', ऐसी स्थिति में उसके गले में 'कडुबु' (एक प्रकार का मीठा खाद्य पदार्थ जो इडली जैसा रहता है पर बड़े बड़े होते हैं। और केले के पत्ते में बाँधकर पकाते हैं) ठूँसने से जैसा होता है, वैसा कष्ट हो रहा है। मुद्दण प्रिय पत्नी की बात मानता है। कहता है कि "ठीक है, तुम्हारी अभिलाषा के अनुकूल ही कथा सुनाता हूँ। सरल कन्नड़ में काव्य सुनाता हूँ। पर बीच-बीच में संस्कृत शब्दों का भी प्रयोग करता हूँ जैसे मंगल सूत्र में काले मणि के बीच-बीच मूँगा पिरोते हैं। हमारे लिए कन्नड़ कस्तूरी के समान है।" कवि ने सरल कन्नड़ शब्दों के बीच कहीं-कहीं संस्कृत शब्दों का उपयोग करके कन्नड़ की गरिमा को बढ़ाया है। स्वयं कवि ने कहा है, "जैसे रजत मणि को सोने से पिरोते हैं वैसे ही संस्कृत शब्दों को रखकर कन्नड़ में ही काव्य सुना दूँगा।"

'श्री रामाश्वमेध' की एक और विशेषता उसकी गेयता है। इसीलिए कवि ने प्रास को महत्त्व दिया है। जिस काल में काव्य के वाक्य लम्बे होते थे वहाँ कवि ने छोटे वाक्यों का उपयोग किया है। कहीं-कहीं लम्बे वाक्य जरूर हैं, परन्तु छोटे वाक्यों की भरमार है।

'श्री रामाश्वमेध' में आधुनिक तद्भव शब्दों के अलावा स्थानीय लोगों के घरेलू भाषा के शब्द भी पाये जाते हैं। उडुपि, मंगलूरु शहर के बाद केरळ का सीमा प्रान्त आता है, इसीलिए वहाँ के लोगों की भाषा में मलयालम शब्द पाया जाना सहज है। मुद्दण की काव्य-भाषा में भी तुळु (स्थानीय बोली) और मलयालम के शब्दों का प्रयोग अत्यन्त सहज रीति से हुआ है। कवि ने अपने काव्य की भाषा को सहज सुन्दर बनाने के लिए बड़ा प्रयास किया है। इस युग में उन्होंने अनेक प्रयोग भी किये हैं। उन्होंने अपने काव्य में मुहावरेदार भाषा का प्रयोग किया है। जैसे—"समुन्दर के पानी

का स्वाद देखने के लिए एक बूँद पर्याप्त है", "सूअर की आवाज से सिंह विचलित नहीं होता है," "नख से निकालने लायक वस्तु के लिए कुल्हाड़ी की आवश्यकता नहीं।" इस प्रकार अनेक मुहावरों को हम देख सकते हैं।

इस प्रकार नंदळिके लक्ष्मीनारायण अर्थात् कवि मुद्दण द्वारा रचित 'श्री रामाश्वमेध' काव्य एक श्रेष्ठ खण्ड काव्य है। यह न केवल कन्नड़ काव्य लोक को शोभा देनेवाला ग्रन्थ ही नहीं, बल्कि पूरे भारतवर्ष के सारस्वत लोक को मुद्दण की अनुपम भेंट है।

# हेळवनकट्टे गिरियम्मा के काव्य में रामकथा प्रसंग

**प्रो. सुनीता मंजनबैल**

हेळवनकट्टे गिरियम्मा कर्नाटक के हरिभक्त-पन्थियों में अत्यन्त चर्चित कवयित्री हैं। आज भी उत्तर कर्नाटक की स्त्रियों के मानस में उनके गीत रचे-बसे हैं। वैसे तो वैष्णव-भक्तिपन्थ का प्रारम्भ चार सदियों पूर्व ही हुआ था और उसने जनमानस में प्रचार-प्रसार भी पाया था। ऐसा भी नहीं था कि यह पन्थ स्त्रियों के लिए वर्जित था, परन्तु जो भी कारण रहा हो, तथ्य यह है कि 18वीं शती से पूर्व तक इस भक्तिपन्थ से प्रभावित कवयित्रियाँ नहीं मिलतीं। 18वीं शती और उसके बाद अवश्य ही कई कवयित्रियाँ सक्रिय दिखती हैं। जैसे–

"1. गलगली अव्वनवरु
2. अव्वनवरु की शिष्या भाग्यम्मा
3. हेळवनकट्टे गिरियम्मा (ये तीनों 18वीं शती में हुईं)
4. हरपनहळळी भीमव्वा
5. चे.रा. चल्लम्मा
6. सण्णभडति गणपक्का
7. सत्यपराक्रम की बहू सुन्दराबाई
8. पन्नी लक्ष्मीबाई
9. नाडघर शान्तिबाई
10. ओरबायु लक्ष्मीदेवम्मा (ये 19वीं शती में हुईं)"[1]

कन्नड़ में भागवदोक्त भक्ति साहित्य का प्रारम्भ हरिदासों से माना जाता है। उनके दास साहित्य ने जनमानस में ईश्वर के प्रति निष्काम भाव-शक्ति का प्रसार करने की दिशा में पर्याप्त प्रयास किया। नरहरितीर्थजी से आरम्भ होकर इस दास साहित्य की कर्नाटक में एक सशक्त परम्परा बनी।

हरिदासों की परम्परा में गोपालदास की समकालीन गिरियम्मा ने 'हेळवनकट्टे रंग' के अंकित नाम से अनेक रचनाएँ कीं और हेळवनकट्टे गिरियम्मा के नाम से ख्यात हुईं।

हेळवनकट्टे गिरियम्मा का जन्म धारवाड़ जिले (वर्तमान हावेरी जिला) के राणेबेन्नूर में हुआ। पिता का नाम भीष्टप्पा जोईस था। माँ का नाम अभी तक अज्ञात है। गिरियम्मा की जन्मतिथि और मृत्युतिथि को लेकर निश्चित रूप से कुछ कहा नहीं जा सकता। तथापि अन्तःसाक्ष्यों और अब तक की उपलब्ध जानकारी के आधार पर इनका समय अनुमानतः सन् 1700 से 1750 के बीच माना

1. कर्नाटक द कवयित्रियरु–डॉ. सरोजिनि महिषि, पृ. 231

जाता है। बचपन में ही इनका विवाह हरिहर तालुका के मलेबेन्नूर ग्राम के शानभोग के बेटे तिप्परस के साथ हुआ। किन्तु गिरियम्मा का मन ऐहिक सुखों में प्रवृत्त नहीं था। बचपन से ही भगवद्भक्ति के प्रति उसका विशेष झुकाव था जो आगे चलकर 'हेळवनकट्टे रंगनाथ' की भक्ति में परिणत हुआ। उसके जीवन से जुड़ी कई किंवदन्तियाँ वहाँ के जनसामान्य में जीवित हैं।

हेळवनकट्टे गिरियम्मा ने कई गीतों की रचना की जिसमें कुछ लम्बे गीत हैं जो विभिन्न कथा-प्रसंगों पर आधारित हैं। जैसे–

उद्दालिकन हाडु (उद्दालिक के गीत), शंकरगण्डन कथे हाडु (शंकरगण्ड की कथा के गीत), सीताकल्याण (सीता विवाह), चन्द्रहास चरिते, कृष्ण कोरवंजी, ब्रह्मकोरवंजी, लवकुश काळग आदि इनकी रचनाएँ हैं।

इनमें से चन्द्रहास चरिते तथा सीताकल्याण ये दो कृतियाँ 'सांगत्य' छन्द में हैं तो 'ब्रह्मकोरवंजी', लवकुश काळग, उद्दालिकन हाडु, शंकरगण्डन कथेय हाडु कृष्ण कोरवंजी ये सभी रचनाएँ कथन-काव्य की शैली में लिखी गयी हैं। कथन-काव्य शैली में रचनाकार किसी कथा-प्रसंग को विस्तार के साथ गीतों में पिरोता है। इन रचनाओं के अतिरिक्त 'गजेन्द्रमोक्ष' व 'गिळी पारिजात' ये दो रचनाएँ भी उनकी रचनाएँ मानी जाती हैं। इसके साथ ही उन्होंने अनेक 'देवरनाम' (देवस्तुतियाँ-देवनामावली) की रचना की है। गिरियम्मा भावगत सम्प्रदाय की स्मार्त शाखा की भक्त थीं। हरिदास सम्प्रदाय की अनुयायी होते हुए भी हरिहर प्रान्त के क्षेत्र का वैशिष्ट्य उसमें संस्कार रूप में ही रचा-बसा था। उसके लिए हरि और हर में कोई भेदभाव नहीं था। उन्होंने हेळवनकट्टे मैलारलिंग, कूकनूर आंजनेय, पिलंगिरी रंगनाथ दानीकट्टे नरसिंहस्वामी आदि देवताओं को केन्द्र में रखकर कीर्तनों की रचना की है।

ऊपर उल्लेखित रचनाओं में से दो रचनाएँ ऐसी हैं जो रामकथा प्रसंगों को लेकर लिखी गयी हैं। एक है–'सीताकल्याण' और दूसरी है–'लवकुश काळग'। 'सीताकल्याण' यह 87 पदों की रचना है। 'सीता कल्याण' अर्थात् 'सीता विवाह'। जैसा कि शीर्षक से ही स्पष्ट है कि इस रचना के केन्द्र में है–'राम सीता का विवाह महोत्सव।' इसमें गिरियम्मा ने जनक के घर राम आदि का आगमन, तेल-हल्दी की रस्म, विवाह, उरुटणे आदि प्रसंगों व दशावतार का वर्णन आदि का चित्रण प्रधान रूप से किया है। इसमें गिरियम्मा अत्यन्त भक्तिभाव से राम का वर्णन करती है–विवाहेत्तर जीवन की कुछ घटनाओं का उल्लेख करते हुए व राम का स्तुतिगान करती है। उदाहरण के लिए–

**"ताटकप्राणहार बंदा, जटायु मुक्तिकारण बंदा।**
**नाटकधर नारायण कविकुलकोटि ता बंदनेंदेसेदरु कहळे॥**
**वीरविक्रम राघव बंदा, मारीच मर्दन राम बंदा।**
**नारि श्री जानकीरमण बंदनु, हरिराम ता बंदनेंदेसेदरु कहळे॥"**[1]

**"ताटकधर नारायण कविकुलकोटि अया**
**नाटकधर नारायण कविकुलकोटि आया**
**वीर विक्रम राघव आया, मारीच मर्दन राम आया।**
**नारी श्री जानकीरमण आया, हरिराम आया॥"**

---

1. वही, पृ. 269

कुल मिलाकर इस रचना में राम-सीता विवाह सम्बन्धी विभिन्न रस्मों, रामादि के अलंकारादि के विस्तार से वर्णन के साथ गिरियम्मा के विनीत भक्तिभाव की अभिव्यक्ति हुई है।

'लवकुश काळग' (अथवा पटद सन्धि) लवकुश काळग (लवकुश की लड़ाई) रामकथा प्रसंग पर आधारित गिरियम्मा की दूसरी रचना है। यह करीब 500 पदों का सुदीर्घ कथन-काव्य है। अभी तक इस काव्य का प्रकाशन नहीं हुआ है। लेकिन यह 'हेण्णुमुक्कळ हाडिन संग्रह' 'स्त्रियों के गीतों का संग्रह' में संकलित हैं।[1]

मलेबेन्नूर के श्री एन.एस. हनुमन्तराव नाडिगेर से प्राप्त जानकारी के अनुसार लगभग सन् 1906 के आसपास मैसूर के महाराज जयचामराजेन्द्र ओड़ेयर के दरबार के विद्वान शिवराम शास्त्री महोदय ने सीताकल्याण, पटरामायण व लवकुश काळग के क्रमशः 160, 180 व 200 पदों को गद्यरूप में प्रकाशित किया था।[2]

'लवकुश काळग' हेळवनकट्टे गिरियम्मा की विशिष्ट रचना कही जा सकती है। इसमें धोबी द्वारा श्रीराम की निन्दा का प्रसंग उपस्थित नहीं है। कवयित्री ने इस प्रसंग का पूर्णतः त्याग किया है और सर्वथा एक नयी उद्भावना दी है। 'पट' (चित्र) की कल्पना मौलिक उद्भावना है। यद्यपि यह रचना अभी भी सम्पूर्ण रूप में प्रकाशित नहीं है तथापि जिन अनुसन्धाताओं ने इसकी मूल हस्तप्रति का अध्ययन किया है उनके अनुसन्धानकार्य और लवकुश काळग के छुटपुट प्रकाशित पदों के आधार पर इसका कथासार निम्न रूप से दिया जा सकता है–

गर्भिणी गीता को देखकर अपनी अंतःदृष्टि से वशिष्ठ जान जाते हैं कि सीता का प्रसव वन में होगा। वे चिन्तित हो जाते हैं। तभी एक दिन राम-लक्ष्मण शिकार हेतु वन जाते हैं। इधर शूर्पनखा कोरवंजी रूप धारण करके सीता के पास आती है और सीता को नागमल्लिगे का फूल भेंट करती है। सीता उससे पूछती है–

"आव कुलव नीनु येनु कारण बंदि ई नाड कोरवि नीनल्ल"[3] अर्थात् तुम्हारा कुल कौन-सा, किस कारण से तुम आयी हो, तुम इस प्रान्त की 'कोरवि' तो नहीं हो।"

तब कोरवि सीता से कहती है–"इंदुवदने नीनु मुडियेंदु कोट्टरे संदेह पट्टळु ऽ सीते!"[4]

अर्थात् बालों में लगाने के लिए मैंने फूल दिया पर सीता ने तो सन्देह किया। आगे सीता को बातों में उलझाते हुए कोरवि सीता से आग्रह करती है कि सीता रावण का चित्र बनाये। वह सीता से कहती है–

**"अन्नवस्त्रवनोल्ले, होन्नु हणवनोल्ले निन्न भाग्यवनु नानोल्ले।**
**मुन्निनसुरन रूप इन्नु नी बरेदरे चन्नागि हरत गेल्लुवेनु॥"**[5]

अर्थात्, "मुझे न तो अन्नवस्त्र चाहिए, ना सोना-पैसा, ना तुम्हारा भाग्य। यदि तुम रावण का चित्र बनाओगी तो मैं शिवजी को प्रसन्न कर लूँगी।" सीता इनकार करती है, पर कोरवि नहीं मानती और

1. वही, पृ. 260
2. मलेबेन्नूर के श्री एन.एस. हनुमन्तराव नाडिगेर जी से उनके निवास स्थान पर हुई बातचीत के आधार पर
3. कर्नाटकद कवयित्रियरु–डॉ. सरोजिनी महिषि, पृ. 260
4. वही, पृ. 260
5. वही, पृ. 260

बालू ले आती है। उस पर भस्म धोकर छिड़कती है। तब इनकार करते हुए सीता कहती है कि मैंने तो रावण का केवल पाद अँगूठा ही देखा है। पर कोरवि एक नहीं मानती और जबरन ही सीता से रावण का चित्र बनवाती है, इतना ही नहीं "वह चित्र कभी न मिटे" ऐसा वर भी सीता से दिलाती है। किन्तु सीता वर देते समय यह शर्त रखती है कि 'लक्ष्मणदेव के मारने पर मिट जा (खत्म हो जा)।' इतना होते ही कोरवि चित्र को हवा में लहराकर गायब हो जाती है। अब वह चित्र इठलाने-नाचने लगता है। अब वह किसी भी तरह से सीता के काबू में नहीं आता। अन्ततः उस चित्र को गद्दे के नीचे रखकर सो जाती है। उधर शिकार से राम-लक्ष्मण लौटते हैं, पर उनका स्वागत करने के लिए सीता नहीं पहुँचती। तब चिन्तित राम सीता को बुलाते हैं। विषण्णवदना सीता को देखते हैं। जैसे ही राम पलँग पर बैठते हैं तो पलँग टूट जाता है। ऐसा क्यों हुआ? यह जानने के लिए जैसे ही लक्ष्मण गद्दा उठाता है तो दस सिरोंवाला रावण का वह चित्र फिर से नाचने लगता है। राम-लक्ष्मण दोनों को यह देखकर आश्चर्य, क्रोध और दुःख होता है। क्रोधित राम सीता से पूछता है।

**"एसु दिवस घासियागि बरेदि इवन एसु दिवस भोगिसिदे।**
**मोस माडिदि देवी एनकूड हेळदइे घासि माडिदि एन्ननेंदा॥**
**हेंगसु हेडेतलि मृत्युवेंबरु जनरु, इंद कंडनु सादृश्य।**
**इंद ना मलगुव पट्टदमंच म्याले बिंबव बरेदु भोगिसिद्या॥"**[1]

अर्थात्--कितने दिनों से मुझे धोखा देकर यह चित्र बनाती रही? और इसे कितने दिनों से भोगा, देवी! मुझसे विश्वासघात किया। लोक कहते हैं कि स्त्री फन फैलाए मृत्यु (काल) होती है, उसे मैंने साक्षात देखा। मेरे राज-पलँग पर बिम्ब (चित्र) बनाकर इसे भोगा?

दुःखित सीता सारा वृत्तान्त बताती है। लक्ष्मण वह चित्र फाड़ डालता है। परन्तु राम का क्रोध शान्त नहीं होता। वह सीता को वन में ले जाकर जान से मार डालने का आदेश लक्ष्मण को देता है। आदेशानुसार लक्ष्मण सीता को वन में ले जाता है। सीता जानती है कि उसे वन में क्यों लाये हैं और वह लक्ष्मण से कहती भी है कि "राजाज्ञा का पालन करना पाप नहीं है।"

तब लक्ष्मण सीता की निशानी लेकर लौट जाता है और राम से कहता है कि उसने सीता की हत्या कर दी। यह सुनकर राम दुःखी होते हैं और कहते हैं कि--"गुस्से में दिये गये आदेश का तुमने पालन कर ही दिया?" तब लक्ष्मण कहता है कि--

"क्रोध के समय काटी नाक भैया शान्ति के समय में जुड़ती नहीं। सीता को याद ही क्यों किया जाए, अब क्यों यह मनस्ताप, शोक, हे स्वामी।"

**"सिट्टिन वेळेगे मूगु कोयूदइरे अण्णा शांतिवेळेगे हत्तुवे?**
**सीते नेनेयुवर्‌याक तापपडुवद्याक शोकविन्यातको स्वामि॥"**[2]

उधर वन में सीता को देखकर वाल्मीकि-ऋषि उसे अपने आश्रम में ले जाते हैं। लवकुश का जन्म उन्हीं के आश्रम में होता है, वहीं वे बालक बड़े होते हैं।

अब इधर राम का अश्वमेध यज्ञ आरम्भ होता है। यज्ञ का घोड़ा आश्रम में आता है तो लवकुश

1. वही, पृ. 261
2. वही, पृ. 262

उस अश्व को बाँध देते हैं। युद्ध होता है। लवकुश और शत्रुघ्न आदि वीरों में सम्भाषण होता है। उत्तर-प्रत्युत्तर का यह सिलसिला चलता है, जिसका अत्यन्त रोचक वर्णन हुआ है। राम यह जानकर कि उसके भाई एक-एक करके बच्चों से पराजित हुए हैं—स्वयं आश्रम में (युद्धभूमि में) आते हैं। राम के आगमन की सूचना पाकर लवकुश सूर्य की आराधना करके बाण प्राप्त करते हैं। बाण देते हुए सूर्य एक और वरदान भी देते हैं—

> **"बालकरु हाकिद बाणा श्रीरामरिगे पादपूजेय माडलेंदा।**
> **रामरु हाकिद बाणा ई बालकरिगे हूविन अरळागलेंद॥"[1]**

अर्थात् "बालकों द्वारा छोड़े गये बाण श्रीराम के चरणों की वन्दना करें और राम के बाण बच्चों के लिए पुष्प बनें।"

युद्धभूमि में लवकुश को देखकर राम का अंतःकरण द्रवित होता है। फिर भी राम और बच्चों में युद्ध आरम्भ होता है। तभी वाल्मीकि ऋषि वहाँ आकर राम को सारा वृत्तान्त बताते हैं और कहते हैं कि बच्चे लवकुश उनके पुत्र हैं। राम लक्ष्मण से पूछता है कि क्या उसने सीता की हत्या नहीं की थी? तब लक्ष्मण भी जो घटित हुआ वह सारा वृत्तान्त राम को बताता है। तब राम-लक्ष्मण ऋषियों का आशीर्वाद लेकर सीता और लवकुश के साथ अयोध्या लौटते हैं। और इस तरह यह कथा सुखान्त होकर समाप्त होती है। कथा के अन्त में गिरियम्मा लिखती हैं—

> **"अरियदे माडिदे अज्ञानतनदिंद बरेदोदिदवळल्ल मरुळे।**
> **करुणाकर देव हेळवनकट्टे रंगय्या अरुहिदंदष्टु पेळिदेनु॥"[2]**

अर्थात्—

> **"मैं अनपढ़-गँवार अज्ञानी, हे करुणाकर देव।**
> **हेळवनकट्टे रंगय्या, जितना मैंने जाना मैंने कह दिया॥"**

यह सर्वविदित है कि रामकथा के अनेक पाठ हैं और समय-समय पर आश्रमकथा का परिदृश्य बदलता रहा है। डॉ. श्यामसुन्दर दुबे का कथन सटीक है कि "...राम की कथा स्थान (स्पेस) और समय (टाइम) जैसे दो आयामों में निरन्तर विस्तारित और विकसित होती रही है। दोनों आयामों ने उसे भिन्न-भिन्न रचना इकाइयों की तरह प्रस्तुत किया है। पृथ्वी के अनेक खण्डों में रामकथा के अनेक रूप अपनी भिन्नता में प्राप्त होते हैं। इन रूपों ने समय के प्रवाह में अनेक प्रतिकल्प भी प्रदान किए हैं। इसलिए रामकथा को स्थिर कथा और मानक कथा के रूप में स्थायित्व कभी प्राप्त नहीं हुआ है। वह समय और स्थान के भेद से अपनी संरचना में अपना वैविध्यपूर्ण स्वभाव संघनित करती रही है। रामकथा का आधार लोकमानस है। इसी लोकमानस में रामकथा के बीजों का अंकुरण हुआ है।..."[3]

संस्कृत से लेकर भारत की प्रायः सभी भाषाओं में रामकथा ने विस्तार पाया। भारत में नहीं फादर कामिल बुल्के जैसे अनुसन्धाताओं ने इसे विदेशों तक पहुँचा दिया है।

---

1. वही, पृ. 263
2. वही, पृ. 264
3. लोक रामकथा—सं. श्यामसुन्दर दुबे—सम्पादकीय से उद्धृत

डॉ. विद्यानिवास मिश्र अपने 'रामकाव्य का फलन' शीर्षक लेख में लिखते हैं—"...लोक साहित्य की एक विशेषता नारी के प्रमाद, नारी की पीड़ा और नारी के तेज को केन्द्र में रचना। दूसरी विशेषता है सामान्य जन-जीवन के राग-द्वेष से पूरा तादात्म्य स्थापित करना। इन्हीं से रामकथा बहुत आत्मीय होती है।"[1] हेळवनकट्टे गिरियम्मा के काव्य में चित्रित रामकथा प्रसंगों को उपरोक्त कथनों के परिप्रेक्ष्य में देखा जा सकता है।

## सहायक ग्रन्थ सूची


1. कर्नाटकद कवयित्रियरु—डॉ. सरोजिनि महिषि।
   प्रकाशक : श्री एम.बी. तुरमुरि, कार्यदशीई प्र.क.स. साहित्य संघ लि., धारवाड़।
2. श्री कर्नाटक भक्तविजय—बेलूर केशवदासरु, नवभारती प्रकाशन, मैसूर—570009
3. हेळवनकट्टे गिरियम्मन हाडुगळु—सं.टी.के. इंदुबाई, कन्नड़ अध्ययन संस्थे मैसूरु विश्वविद्यालय, मैसूरु।
4. हेळवनकट्टे गिरियम्मा—संग्रहणकर्ता : बी.वी. वीरभद्रप्पा, कर्नाटक साहित्य अकादेमी, बेंगळूरु।
5. हेळवनकट्टे गिरियम्मा—नगुवनहळळी पी. रत्ना प्र. प्रसारांग, मैसूर विश्वविद्यालय, मैसूर।
6. लोकरामकथा—सं. श्यामसुन्दर दुबे, लोकभारती प्रकाशन, इलाहाबाद—211001
7. रामकथा : भक्ति और दर्शन—डॉ. विश्वम्भर दयाल अवस्थी, सरस्वती प्रकाशन मन्दिर, इलाहाबाद—211003


1. वही, पृ. 3

# कन्नड़ 'यक्षगान के रामकथा-प्रसंग'

डॉ. दत्तात्रेय हेगड़े

'यक्षगान' यह शब्द सुनते ही हमें रंगभूमि पर प्रदर्शित होने वाला दृश्य दिखाई देता है। दृश्य माध्यम के रूप में इसका अत्यन्त महत्त्वपूर्ण स्थान है। श्रव्य माध्यम में भी इसका महत्त्व है। अन्य साहित्य विधाओं के जैसे लोग खुद पढ़कर भी इसका आनन्द ले सकते हैं। यक्षगान प्रसंग—काव्य राग, ताल, और छन्दोबद्ध साहित्य प्रकार है।

यक्षगान गीत-वाद्य-नृत्यों का सम्मिश्रण है। कर्नाटक के दक्षिण कन्नड़ और उत्तर कन्नड़ जिलों में यह कला बहुत प्रसिद्ध है। यहाँ पर दो भेद हैं फिर भी इसका मूल स्वरूप एक ही है। प्रादेशिक भिन्नता के कारण 'तें कु तिट्ट' (दक्षिण कन्नड़ की शैली) और 'बंडगु तिट्ट' (उत्तर कन्नड़ की शैली) कहते हैं यह एक हव्यासी कला है साथ ही साथ वृत्ति कला भी है। यक्षगान का प्रदर्शन करनेवाली मण्डली को 'मेळ' कहते हैं। गाँव के प्रमुख मन्दिर के नाम या आश्रय से यह मण्डली स्थापित होकर बरसात के नाम या आश्रय से वह मण्डली स्थापित होकर बरसात के बाद सेवा के रूप में एक प्रदर्शन देकर दूसरे अलग-अलग प्रदेशों में चले जाते हैं। लगभग पाँच-छह महीने तक निमन्त्रण पर अलग-अलग गाँव में प्रदर्शन देते हैं। ये लोग प्रदर्शन के लिए रामायण, महाभारत या भागवत जैसे पौराणिक प्रसंग का प्रदर्शन ज्यादातर करते हैं। पाँच-छह महीने बाद फिर अपने गाँव आकर उस मन्दिर के सामने सेवा के रूप में और एक प्रदर्शन देते हैं, उसके बाद फिर प्रदर्शन बरसात के बाद ही होता है। आजकल यह मण्डली देश-विदेश में जाकर इस प्रकार का यक्षगान प्रदर्शन देने लगी है।

यक्षगान में भगवान (गायक) ही सूत्रधार है। इसके नियन्त्रण में ही सभी पात्र व्यवहार करते हैं। यक्षगान में वेशभूषा का काफी महत्त्व है, स्त्री और पुरुष पात्रों में नृत्य की भिन्नता है। पुरुष पात्रों में युद्ध वीर, पौरुष भावों को ज्यादा प्रमुखता दी जाती है तो स्त्री पात्रों में सन्तोष, दुःख, भक्ति, निराशा, भय, द्वेष आदि भावों को महत्त्व दिया जाता है। यक्षगान में वेशभूषा और नृत्य के जैसे संगीत का विशिष्ट स्थान है। सन्दर्भानुसार श्लोक और पद्यों को विविध ताल, लय और रागों में गाया जाता है।

कन्नड़ के यक्षगान प्रसंग लगभग पाँच सौ के करीब मिलते हैं। ये सभी पौराणिक ही हैं। आजकल कुछ सामाजिक और हास्य प्रधान यक्षगान प्रसंग भी लिखे जा रहे हैं। रामायण की कथा को लेकर 68 प्रसंग मिलते हैं। प्रसंग 68 होने पर भी कथानक सिर्फ 21 ही हैं। मतलब है कि एक ही घटना 3-4 प्रसंगों की कथावस्तु बन सकती है। इन प्रसंगों का विवरण नीचे दिया जा रहा है।

## 1. पुत्रकामेष्टि और सीता कल्याण

दशरथ की राजसभा से इस प्रसंग की शुरुआत होती है। वसिष्ठ जी से अपनी निःसन्तान की व्यथा

सुनाने पर पुत्रकामेष्टि यज्ञ करने की सलाह मिलने पर यज्ञ का आयोजन होता है। यज्ञ से प्रसन्न अग्निदेव 'खीर' दे देता है। इसके फलस्वरूप तीनों पत्नियाँ गर्भवती होती हैं। बच्चों के जन्म के साथ राजमहल में खुशियाँ फैल जाती हैं। बचपन यूँ ही बीत जाता है।

एक बार विश्वामित्र महर्षि राजसभा में प्रवेश कर यज्ञरक्षा के लिए राम-लक्ष्मण को अपने साथ भेजने के लिए कहते हैं। पुत्रवात्सल्यवश दशरथ राम-लक्ष्मण को भेजने से इनकार कर देते हैं तो

विश्वामित्र गुस्से में आकर जाने लगते हैं तो वसिष्ठ जी के कहने पर राम-लक्ष्मण को विश्वामित्र जी के साथ भेज दिया जाता है। रास्ते में विश्वामित्र के आदेशानुसार ताटकी को मार देते हैं। यज्ञकार्य में विघ्न करने वाले अन्य राक्षसों का वध भी इन्हीं के द्वारा होता है। एक प्रकार से शिक्षा-दीक्षा इन्हें मिल जाती है। उसी समय पर सीता स्वयंवर की खबर जनकराज के दूत से मिलती है। विश्वामित्र द्वारा राम-लक्ष्मण को वहाँ ले जाते वक्त अहल्योद्धार भी हो जाता है। सीता स्वयंवर में कई लोग भाग लेते हैं। जनकराज के सूचनानुसार शिवधनुष उठाने का व्यर्थ प्रयत्न कई लोगों द्वारा होता है। अन्त में श्रीराम उसे उठाने के लिए जाते हैं तो वह टूट जाता है। जनकराज अपनी चार बेटियों की दशरथ के चार बेटों से शादी कर देते हैं। जब शादी के बाद श्रीराम अयोध्या आते हैं तो रास्ते में परशुराम संघर्ष के लिए बुलाते हैं। परशुराम राम से परास्त होकर परशु श्रीराम को देकर तपस्या करने निकलते हैं। यह इस प्रसंग का स्थूल रूप है।

## 2. पंचवटी पट्टाभिषेक (राज्याभिषेक)

इस प्रसंग का शुभारम्भ दशरथ की राजसभा से होता है। कैकेय, भरत और शत्रुघ्न को विद्याभ्यास के लिए ले जाते हैं। दशरथ राम का राज्याभिषेक कर देना चाहते हैं। इस बात को जानकर मंथरा कैकेयी के मन में विष का बीज बोने लगती है। कैकेयी पूर्ण रूप से बदल जाती है। राज्याभिषेक की पूरी तैयारी हो जाती है पर कैकेयी वहाँ नहीं आती है तो दशरथ कैकेयी को बुलाने लक्ष्मण को भेज देते हैं। लक्ष्मण के द्वारा ही कैकेयी दशरथ को बुलाकर अपने लिए दिये हुए वचन निभाने के लिए कहती है। उसके अनुसार राम वनवास के लिए जायें और भरत का राज्याभिषेक हो। राम इस बात को जानकर सीता और अनुज लक्ष्मण के साथ पिता की आज्ञा से वनगमन करते हैं। चित्रकूट में जाकर बसते हैं। दशरथ राम के चले जाने पर शोक में मर जाते हैं। भरत पिताजी की मृत्यु के बाद अयोध्या आकर देखता है और पूरी समस्या जानकर राम को बुलाने वन में चला जाता है। कैकेयी भी अपनी करनी पर पछताने लगती है। राम पिताजी की मृत्यु पर दुःखी होते हैं। राज्य वापस आने से साफ इनकार कर देते हैं। धर्म मार्ग का उपदेश देकर पादुका भी साथ में देकर भरत को वापस भेज देते हैं। राम-लक्ष्मण और सीता वहाँ से निकलकर पंचवटी में आकर वास करने लगते हैं।

पंचवटी में वास करते वक्त शूर्पनखा राम के सुन्दर रूप से मोहित होकर सुन्दर वेश में अपने आपको बदलकर राम से शादी करने के लिए कहती है। राम असहमति प्रकट करते हैं और लक्ष्मण से पूछने के लिए कहते हैं। लक्ष्मण राम से कुछ सहमति का चिह्न ले आने को कहते हैं। राम से आकर, शूर्पनखा चिह्न पूछती है तो उसके पीठ पर लिख कर भेज देते हैं। लक्ष्मण उसे पढ़ते हैं और उसके अनुसार शूर्पनखा के कान और नाक काट देते हैं। इससे क्रोधित शूर्पनखा इसका बदला किसी न किसी रूप में अपने भाई को बताकर लेने की प्रतिज्ञा करके चली जाती है।

यह प्रसंग कन्नड़ के 'तोरवे रामायण' से लिया गया है। फिर भी इसमें कुछ परिवर्तन दिखाई देता है। वनवास के लिए जानेवाले राम को राजमुद्रा देकर दशरथ भेजते हैं किन्तु यहाँ यह विषय है ही नहीं। चित्रकूट में राम और भरत के बीच का संवाद दोनों के व्यक्तित्व को मुकुट प्रायः है। पर शूर्पनखा सन्दर्भ राम के व्यक्तित्व को कलंक लगा देता है। यक्षगान में यह दोनों सन्दर्भ सविस्तार से चर्चा में आते हैं।

## 3. पंचवटी और बालि वध

रावण के पास आयी शूर्पनखा, सीता के अनुपम सौन्दर्य का वर्णन करती है और ऐसी सुन्दर पत्नी के बिना सारा ऐश्वर्य व्यर्थ बताती है तो रावण सीता अपहरण के लिए निकलता है। मन्दोदरी उसे रोकने का व्यर्थ प्रयत्न करती है। मामा मारीच की सहायता से सीता को आकर्षित करता है। राम से सीता उस हिरन को ले आने के लिए कहती है। लक्ष्मण को सीता की रक्षा का भार सौंपकर राम उस मायामृग का पीछा करता है। जब राम बाण चलाता है तो वह मृग, लक्ष्मण! सीता! ऐसे जोर-जोर से चिल्लाकर अपना मूल रूप यानी राक्षस रूप में मर जाता है। इधर सीता इससे घबराकर लक्ष्मण को भेजती है। लक्ष्मण जाने से मना तो करता है किन्तु सीता की कटुक्ति उसे जाने के लिए मजबूर कर देती है। जाने से पहले कुटी के सामने तीन रेखा खींचकर उन्हें पार न करके आने को कहता है। लक्ष्मण के चले जाने पर रावण संन्यासी के वेश में आता है और भिक्षा माँगता है। सीता 'लक्ष्मण रेखा' पारकर आती है तो जमीन से सीता को उठाकर रथ में रखकर चलता है। रास्ते में जटायु पक्षी का पंख काटता है। सीता को अशोकवन में ठहराता है।

राम-लक्ष्मण के वापस आने पर सीता नहीं मिलती तो दोनों शोक मग्न हो जाते हैं। वे दोनों ढूँढ़ते-ढूँढ़ते वहाँ से निकलते हैं। जटायु से सारा समाचार मिल जाता है। रास्ते में शबरी को आशीर्वाद देकर किष्किन्धा की ओर निलकते हैं रास्ते में हनुमान से भेंट हो जाती है। सुग्रीव से मित्रता होती है। राम पर विश्वास करके बालि को युद्ध के लिए बुलाता है परन्तु सुग्रीव हार जाता है। दुबारा राम सुग्रीव के गले में तुलसीमाला डालकर भेजते हैं। राम बाण चलाकर बालि को मार गिराते हैं। इसी बीच इन दोनों के बीच वाद-विवाद चलता है। बालि मुक्ति पाता है तो सुग्रीव राजा और अंगद युवराज बनता है।

यह प्रसंग, यक्षगान में बहुत लोकप्रिय बन गया है। राम-सीता का संवाद आम जनता का है तो बालि और राम के बीच का संवाद गहन चिन्तन के योग्य है। यह राम के व्यक्तित्व पर ही महाकलंक लगा देता हो, ऐसा आभास होने लगता है। समर्थ अभिनेता इस सन्दर्भ को तीन से चार घण्टों तक बात करते-करते ले चलते हैं। दोनों के बीच का संवाद बिल्कुल तार्किक है।

## 4. चूड़ामणी या लंकादहन

सुग्रीव राजभोग में तल्लीन रहता है तो लक्ष्मण उसे याद कराता है कि उसका वचन क्या था? सुग्रीव तुरन्त अपनी सेना तैयार करता है। सीता को खोजने चारों ओर सेना भेजी जाती है। दक्षिण की ओर आये हुए जाम्बवन्त, अंगद और हनुमान दिशाहीन होकर चिन्ता में डूबे रहते हैं तो सम्पाती उन्हें रास्ता दिखा देता है। समुन्दर के किनारे आकर रुक जाते हैं कि कौन समुन्दर को पार करेगा। आखिर में जाम्बवन्त की सूचना पर हनुमान समुन्दर पार करता है। तृणबिन्दु का आशीर्वाद लेकर लंका प्रवेश करता है साथ में लंकिणी की हत्या भी कर देता है। लंका में ढूँढ़-ढूँढ़कर न मिलने पर सूक्ष्माकार से रावण के शयनागार में प्रवेश करता है। रावण मन्दोदरी के साथ सोया रहता है तो मन्दोदरी की नग्न देह देखकर सीता ही समझकर अपने-आपको पापी और राम को भाग्यहीन समझता है। सूक्ष्म परीक्षण से उसे पता चलता है कि इस वक्त कुम्भकर्ण की नाक में चला जाता है। उच्छ्वास से बाहर आते वक्त हीरे के खम्बे से टक्कर खाता है। अशोक वन में जाकर सीता से मिलता है और अँगूठी दे देता है, सीता माता को सान्त्वना देकर चूड़ामणी रत्न लेकर वहाँ से छूटता है।

उद्यान में आकर वहाँ खूब हल्ला मचाता है, उछलकूद करता है तो इन्द्रजीत आकर उसे कैद

कर राजसभा ले चलते हैं। राजसभा में मर्यादा का पालन न होने पर रावण द्वारा हनुमान की पूँछ को आग लगा देने का आदेश मिलता है। हनुमान उसी आग से पूरी लंका को जला देता है। इसमें हनुमान का साहस ही प्रमुख विषय है। सीता का शोक भी इस प्रसंग के उत्तरार्द्ध में आलाप के जैसे आता है। हनुमान के सामने सीता अपनी व्यथा इस प्रकार प्रकट करती है—

**एसु दिन बेकन्न प्राणेशन कांबुसकिन्नु**
**बेसरिकेयनदेन्तु-हेळपि हेगे ताळील**
**बेटेगार निट्ट बलेय कोटलेगोळगाद हुल्ले**
**याटदंते बळलि कण्ण बिडुबेनु एन नुडिवेनु।**

अर्थात्

**'कितने दिन चाहिए प्रियतम को देखने के लिए**
**उदासिता बता न पाऊँगी—सहन भी न कर सकूँगी**
**व्याध का (शिकारी का) रखा हुआ जाल में फँसा घास मैं बन गया।**
**उसी व्यथा में आँख खोलती हूँ, कुछ बोलती हूँ क्योंकि तन रह गया।'**

इस प्रकार करुण रस प्रधान पद्य भी मिलता है।

## 5. सेतु बन्ध

राम को जब हनुमान चूड़ामणी रत्न लाकर दे देता है तदुपरान्त सब लोगों के साथ राम समुद्र के किनारे आ जाते हैं। सभी राक्षस इसे देखकर रावण से आगे की कार्यवाही के बारे में पूछते हैं। विभीषण रावण से सीता को वापस राम के हवाले कर देने के लिए कहता है। रावण द्वारा इस बात को न मानने पर विभीषण वहाँ से निकलकर राम के दल के साथ मिल जाता है। समुद्र में सेतु बनाना ही एक मात्र उपाय मानकर उसे ही बाँधने लगते हैं।

यह प्रसंग हास्य प्रधान है। बन्दरों का साहस, बन्दर द्वारा ईश्वर को चकित कर देना, यह सब बहुत ही रंजनीय है। समुद्र का राजा और राम के बीच का मनमुटाव, विभीषण का राम के दल के साथ आकर मिलना, यह सब उत्सुकता पैदा कर देता है। कैकसा रावण को नीतिपाठ पढ़ाती है। रावण उसे सुनता नहीं है। यह अंश यक्षगान में नया आया है। किसी रामायण ग्रन्थ में नहीं है।

## 6. अंगद सन्धान

लंका प्रवेश के बाद रावण की राजसभा होती है। वे आगे क्या करना है इसके बारे में चर्चा करते हैं। उस वक्त रावण के कुछ गुप्तचर आकर राम के आदर्श का गुणगान करते हैं। आकाश मार्ग से रावण राम के यहाँ आता है वहाँ सुग्रीव से अपमानित होता है। राम सन्धान के लिए अंगद को भेज देता है। रावण की राजसभा में अंगद को उचित सम्मान नहीं मिलता। बैठने के लिए आसन न देने पर अंगद अपनी पूँछ बढ़ाकर उसी का एक आसन बनाकर उस पर बैठ जाता है। अंगद का आसन रावण के सिंहासन से भी बड़ा और ऊँचाई पर होता है। रावण इससे अपमानित होकर उसे दण्ड देने के लिए कहता है। हनुमान अंगद को ढूँढ़ते हुए आता है और दोनों मिलकर कई राक्षसों की हत्या कर देते हैं।

सीता को 'माया' से राम का सिर दिखाकर डराया जाता है। त्रिजटा उसे धैर्य बँधाती है। रावण

के कुतन्त्र और माया विद्या से परिचित कराती है।

## 7. इन्द्रजीत वध

मकराक्ष के वध से रावण चिन्ता में डूबा रहता है। तब इन्द्रजीत आकर 'चिता किस लिए रिपुकुल का अंतक मैं हूँ न' कहकर युद्धक्षेत्र चला आता है। पहले 'माया' से सीता को काटकर राम को दिखाता है। विभीषण राम को उस माया विद्या का परिचय देकर सान्त्वना देता है। इन्द्रजीत इसी बीच 'मारणध्वर' करने लगता है। विभीषण उसे जानकर राम-लक्ष्मण और वानर सेना भेजकर यज्ञ को रुकवाता है। इन्द्रजीतु के सामने सब हार जाते हैं। आखिर में इन्द्रजीत के वरबल का नाश लक्ष्मण द्वारा होता है। इन्द्रजीत ने वर ले रखा था कि उसे सिर्फ वह ही हरा सकता है जो बारह साल निद्रा विहीन रहकर सती स्पर्श से दूर रहनेवाला हो। राम तब लक्ष्मण की महत साधना से अवगत होकर उसे गले लगाता है। रावण अपनी सन्तान को खोकर दुःख सागर में डूबता है।

## 8. मारीमुख वध

रामायण प्रसंगों में ज्यादा दर्शकों को आकर्षित करने में युद्ध प्रधान मारीमुख युद्ध, अतिकाय युद्ध, कुम्भकर्ण युद्ध, इन्द्रजीत युद्ध, राम-रावण संग्राम आदि विशेष एवं विशिष्ट बनकर सफल हुए हैं। इसलिए रामायण में उतना महत्त्व न रखते हुए पात्र भी यहाँ यक्षगान में नायक बनकर प्रमुख स्थान पा लेते हैं। रणांगण भयानक होता जा रहा है तो रावण से अनुज्ञा लेकर मारीमुख आता है। हनुमान और जाम्बवन्त को हराता है। राम आकर उसे दर्शन देते हैं और मार देते हैं। इस प्रकार और एक वीररस प्रधान प्रसंग समाप्त हो जाता है।

## 9. अतिकाय युद्ध

रावण युद्ध के परिणाम से चिन्तित है। राजसभा में रावण हार का कारण जानना चाहता है। अतिकाय आकर राम से युद्ध अनुचित बताता है। रावण का क्रोध उसे युद्धक्षेत्र जाने के लिए बाध्य कर देता है। लक्ष्मण के सामने 'वीरवैष्णव' बनकर युद्ध करता है। भयंकर युद्ध के अन्त में 'राम ध्यान' के साथ मुक्ति पाता है। इनकी माँ ध्यानमलिनी को सान्त्वना देकर स्वयं रावण युद्ध के लिए आता है। लक्ष्मण रावण के प्रहार से मूर्च्छित होकर गिर पड़ता है। हनुमान के मुष्टिप्रहार से रावण के मुँह से खून निकलता है। राम युद्ध में हराकर भगा देता है। जाम्बवन्त के लिए संजीवनी ले आने हनुमान को भेज देता है।

## 10. कालनेमि वध

अतिकाय की मृत्यु से क्रोधित रावण दूसरा षड्यन्त्र रचने लगता है। मन्दोदरी अपने पति से नम्र निवेदन करती है कि युद्ध छोड़कर सीता को वापस देकर राम की शरण में जाएँ। रावण उसकी बात नहीं मानता है। संजीवनी लेने गये हनुमान को रोकने की जिम्मेदारी कालनेमि को सौंपता है। कालनेमि मायाजाल से हनुमान को रास्ते में रोककर उसे सम्मानित करता है। बाद में माया विद्या से इसे मारने के लिए आता है तो हनुमान अपने भक्तिबल से उसे हराकर वापस लंका आता है। संजीवनी से लक्ष्मण और वानर सेना को बचाता है। हनुमान का साहस ही इसकी कथावस्तु है, यह 'तोरवे रामायण' के लिए ऋणी है क्योंकि ज्यादातर अंश उसी का है।

## 11. ऐरावण वध

रामायण में एक अपूर्व कथा 'ऐरावण वध' है। वाल्मीकि रामायण में यह अंश नहीं है। इसके बाद नयी-नयी कहानियाँ रामायण की कथा के साथ जुड़ गयी हैं। इस प्रकार जुड़ गयी कहानियों में यह भी एक है। पाताल लंका के राजा ऐरावण से सहायता की याचना रावण के द्वारा होती है। ऐरावण राम-लक्ष्मण को मरवाने की शपथ लेकर माया विद्या से हनुमान के रक्षा कवच को भेदकर इनकी सेना में आकर मिल जाता है। विभीषण के वेश में राम-लक्ष्मण को पाताल ले जाता है। वानरसेना में राम-लक्ष्मण के लापता होने से भय पैदा होता है। ऐरावण के षड्यन्त्र से विभीषण हनुमान को अवगत कराता है और यथाशीघ्र पाताल जाने को कहता है। मार्ग में मत्स्यवानर मिलता है और उनसे लड़ता भी है। बाद में अपने पुत्र को पाकर उससे लड़ाई छोड़कर उसी की सहायता से मेघनाद की माँ दुरदुम्बा के पानी के घड़े में रहकर कीले के अन्दर प्रवेश करता है। उसके अन्दर ऐरावण राम-लक्ष्मण को बलि चढ़ाने की पूरी तैयारी कर रखा था तो उसे रोककर, हनुमान ऐरावण को घोर युद्ध में हराता है। मेघनाद का राज्याभिषेक कर राम-लक्ष्मण को वहाँ से उठाकर आता है। लंका में आने पर राम-लक्ष्मण दोनों माया रूपी नींद में सो रहे थे, उससे जाग जाते हैं। यह भी वीर और रौद्ररस प्रधान यक्षगान प्रसंग ही है।

## 12. कुम्भकर्ण युद्ध

रावण आगे की योजना बनाते हुए राजसभा में बैठा रहता है। उसे तुरन्त कुम्भकर्ण की याद आ जाती है। कुम्भकर्ण सोया रहता है तो उसे उठाने का आदेश मिलता है कि सारे राक्षस मधुमक्खी जिस प्रकार भिनभिनाती है उसी प्रकार ये भी चिल्लाते हैं। सारा वाद्य उसके कानों के पास लाकर बजाया जाता है। इसके बावजूद उसके न उठने पर ब्रह्मा को बुलाया जाता है क्योंकि यह 'वरदान' उसी से मिला हुआ था। ब्रह्मा मन्त्रोदक से कुम्भकर्ण को उठाता है। कुम्भकर्ण उठते ही अपरिमित भूख से चिल्लाने लगता है। तब शराब का घड़ा, मांस के भक्षों को गाड़ी में लाया जाता है। पकवान, बूढ़ा हाथी, साँड़, भैंसा, गधा आदि मारकर पाँच सौ के करीब लाते हैं फिर भी फल न मिलने पर शुक्राचार्य जी को बुलाकर मन्त्रविद्या से इस भूख को मिटाया जाता है। सन्तुष्ट होने पर 'तुम जैसे बुद्धिमानी को यह क्या उचित होगा? बोलो भय्या' कहकर अपने भाई को समझाता है। तदुपरान्त 'आगे माधव से मिलूँगा, वैर से ही सही स्वामी का चरण-कमल का सुख तो मिलेगा' कहकर युद्ध क्षेत्र चला आता है। युद्ध में वीरावेश से ही लड़ता है। राम की सेना को विचलित करने में कुम्भकर्ण सफल होता है। आखिर में राम बाण का शिकार बनता है। यह युद्ध विभिन्न कारणों से विशिष्ट है एक उसे निद्रा से उठाने के लिए किया गया प्रयास का वर्णन, उसकी भूख मिटाने के लिए किया गया तन्त्र, और उसके वीरत्व का वर्णन अन्य यक्षगान प्रसंग से भिन्न ही दिखता है।

## 13. रावण वध (संहार)

सभी को खोकर रावण और ज्यादा क्रुद्ध नजर आता है। रात में वह सो नहीं पाता है। दूसरे दिन उसे युद्ध के लिए जाना है। रात में मन्दोदरी के शयनागार में मिलकर रामावतार की महिमा बताता है। अपना पूर्वजन्म का वृत्तान्त भी बताता है। युद्ध में जाने से पहले दानधर्मादि कार्य पूर्ण कर मरने के लिए खुशी से ही तैयार होता है। युद्धक्षेत्र में मारणाध्वर करने लगता है तो वानर सेना उसे बाधा पहुँचाती है। दूसरे दिन राम और रावण के बीच धर्म संघर्ष चलता है। अगस्त्य मुनि आकर राम को

सूर्यकवच की दीक्षा देते हैं। अन्तिम संग्राम में रावण मर जाता है।

## 14. राम राज्याभिषेक और लवणासुर वध

युद्ध की समाप्ति के बाद विभीषण अपने भाई की मृत्यु से दुखी होता है। राम उसे सान्त्वना देकर उसका राज्याभिषेक करते हैं। सीता को जब बुलाया जाता है तो सीता शृंगार करके आती हैं। राम शंका से देखते हैं तो सीता ही अग्नि परीक्षा लेने की बात कहती हैं। तब देवता ही इन्हें स्वीकार करने के लिए राम से कहते हैं। रास्ते में गन्धमादनगिरि नामक गाँव मिलता है, वहाँ शिवलिंग ढूँढ़ने लगते हैं। हनुमान शिवलिंग लेने रजताद्री जाते हैं। तब तक राम बालू से ही लिंग बनाकर पूजा कर देते हैं। हनुमान लिंग के साथ आते हैं किन्तु राम के इस कृत्य से उन्हें गुस्सा आता है। राम हनुमान को समझाकर यथाशीघ्र भरत के पास जाने के लिए कहते हैं। हनुमान वहाँ आकर भरत को अग्निप्रवेश करने से रोकते हैं। बाद में राम का अयोध्या प्रवेश होता है। राम का राज्याभिषेक भी उसी वक्त होता है।

मधुरा नरेश लवणासुर भगवान शिव से त्रिशूल लेकर रावण की मृत्यु से राम पर क्रोधित होकर इनसे युद्ध करने आता है। शत्रुघ्न युद्ध के लिए राम से प्राप्त महाअस्त्र के साथ आता है। शत्रुघ्न ही उसे मार देता है।

## 15. लवकुश युद्ध

रामायण के उत्तरकाण्ड में यह कथा आती है कि फिर भी इसकी कथावस्तु जैमिनी भारत की है। राज्याभिषेक के बाद राम सीता के साथ वनविहार के लिए जाते हैं। सीता गर्भवती है, इस बात से राम खुश हैं। सीता पर एक धोबी आरोप लगाता है तो राम इसे वन में छोड़ आने के लिए लक्ष्मण से कहते हैं। पहले सीता यह नहीं जानती थी, रास्ते में लक्ष्मण से यह खबर सुनकर दुःखसागर में डूब जाती है। जंगल में सीता वाल्मीकि महर्षि से मिलती है और उन्हीं के आश्रम में आश्रय पाती है। सीता कुछ महीनों बाद दो बच्चों को जन्म देती है। इनका नामकरण भी हो जाता है कुश-लव। ये दोनों गुरु वाल्मीकि से सभी विद्या हासिल करते हैं। एक दिन वरुण लोक में याग के सिलसिले में वाल्मीकि मुनि गये हुए होते हैं तो इधर लवकुश दोनों आश्रम के उद्यान में आये हुए रामाश्वमेध के अश्व को बाँध देते हैं। शत्रुघ्न और राम सेना को हरा देते हैं। भरत भी इनसे हार जाता है तब यज्ञदीक्षा में रहे श्रीराम ही युद्ध क्षेत्र में आते हैं और मूर्च्छित हो जाते हैं। तब वाल्मीकि महर्षि का प्रवेश होता है। इनके तपोजल से सभी जीवित हो उठते हैं। राम, सीता और अपने दोनों बच्चों के बारे में जानकर खुश होते हैं। गुरुजी के सूचनानुसार पत्नी और बच्चों के साथ अयोध्या आते हैं।

## 16. राम निर्वाण

रामाश्वमेध के बाद राम कई साल राज्य करते हैं। राम राज्यभार में इतना व्यस्त रहते हैं कि अपना पूर्वजन्म और आगे का कार्यभार सबकुछ भूल जाते हैं। सीता धरती में समा जाती है। 'काल' राम को सचेत करने दुर्वासा महर्षि की सहायता पाकर आ जाता है। राम से कुछ जरूरी बात करने के लिए जगह तैयार करने के लिए कहता है। इस रहस्य जगह में दूसरों का प्रवेश निषिद्ध है। इस जगह में किसी को नियोजित करके इधर किसी को भी नहीं छोड़ने का आदेश कालपुरुष देता है। लक्ष्मण को यह काम दे दिया जाता है और कर्मच्युत हुए तो आजीवन शिक्षा देने का वचन कालपुरुष राम से ले लेता है। अन्दर कालपुरुष राम को काल का ज्ञान कराता है। वैकुण्ठ में फिर से आने की बात

भी काल कह देता है। जन्म-जन्मान्तर की बात चलती रहती है तो दुर्वासा महर्षि राम को देखने चले आते हैं। लक्ष्मण अन्दर जाने से उन्हें रोकता है तो अपने तपोबल से सूर्यवंश का सत्यानाश करने की धमकी सुनकर लक्ष्मण अन्दर जाने देता है। जब काल और रामचन्द्र के बातचीत में बाधा पहुँचाने पर काल, वचन के अनुसार आजीवन शिक्षा देने के लिए कहकर चला जाता है लक्ष्मण कारण बताता है और अपने आपको निर्दोष कहता है। फिर भी वचन के अनुसार इसे सजा सुनाई जाती है। लक्ष्मण अपनी पत्नी के साथ 'सरयू' नदी में शेष बनकर डूबकर निःशेष हो जाता है।

राम हनुमान से खबर सुनकर सोचते हैं कि यह समय उचित समझकर 'कुश' को राज्याभिषेक कर खुद निर्वाण हो जाने का है। इस कथा प्रसंग में वात्सल्य और करुण रस प्रधान बनकर आया है। राम-लक्ष्मण के बीच का संवाद, दोनों के बीच का सम्बन्ध और दोनों को हुई सन्दिग्धता का अंकन करता है। कथा में रोचक मोड़ आया हुआ है। संवाद से दर्शकों की आँखों से भी आँसू गिर जाते हैं।

## निष्कर्ष

इस प्रकार अधिक संख्या में 'रामायण प्रसंग' वस्तुविचार से मूलकथा से भिन्न न रहकर मूल रामायण ही है। 'तोरवे रामायण', 'कौशिक रामायण' और 'वाल्मीकि रामायण' पढ़े हुए यक्षगान के कवियों ने सीधा उनका अनुसरण किया। उनके लिए इनके बीच का अन्तर महत्त्वपूर्ण नहीं था। दर्शकों को आह्लादित करनेवाले और साहित्य में अद्वितीय लगनेवाले प्रसंग का निर्माण करना ही उन कवियों का मूल उद्देश्य था। अपनी काव्य प्रतिभा से जनमानस तक 'रामायण' पहुँचाने का श्रेय इन्हें मिलना ही चाहिए। यक्षगान में काव्य प्रतिभा है, नया आविष्कार का प्रयत्न भी है। इन सब विषय के बावजूद यह मूल काव्य की मजबूत नींव पर ही खड़े हैं। एक प्रकार से यक्षगान ने आज कर्नाटक में ही नहीं पूरे भारत और विदेशों में भी जनप्रियता हासिल की है।

## सन्दर्भ ग्रन्थ


1. यक्षगान रामायण प्रसंगगलु—आनन्दराम उपाध्य
2. यक्षगान मत्तु नाटक—प्रो. श्रीधर उप्पूर
3. यक्षगान बयलाट—डॉ. शिवराम कारंत
4. यक्षगान अर्थगारिके—डॉ. शिवराम कारंत
5. श्रेणी रामायण—श्रेणी गोपाल कृष्ण भट्ट
6. यक्षगान—डॉ. शिवराम कारंत
7. यक्षगान विवेचने—देराजे एम्. सीतारामय्य

# लोकनाट्य यक्षगान और कन्नड़ रामायण-प्रसंग

**प्रो. टी.आर. भट्ट**

भारतीय संस्कृति में संगीत और नृत्य—दोनों कलाएँ ईश्वर की कला के रूप में मानी जाती हैं। हमारे यहाँ न गानेवाले, न नृत्य करने वाले ईश्वर का अस्तित्व ही नहीं है। इसीलिए भगवान की कलाओं के माध्यम से आराधना करने की परम्परा हमारे यहाँ मध्ययुग से ही है। कहा जाता है कि भरतमुनि ने अपना पहला नाट्य-प्रयोग शिव के सेवार्थ उसके सामने किया। उन दिनों कश्मीर से लेकर कन्याकुमारी तक यह आराधना-सम्प्रदाय प्रचलन में था। द्राविड़ देशों के शिवालयों में गानेवाले 'तेवारं' शैव प्रबन्ध ही थे। इसी तरह मन्दिरों में संगीत एवं नाट्याराधन के लिए रखा जानेवाला 'भागवत' कहा जाता है। 'भागवत' मन्दिर के साथ लगे हुए होते हैं। इन भागवतों में विशेष वर्ग के लोग 'चोक्षक' कहलाते हैं। इसी तरह का तद्भव रूप मलयालम, तमिल में 'चोक्यरु' है। यह लोग मन्दिरों में संस्कृत नाटक खेलते थे। संस्कृत नाटकों के प्रयोग के लिए 'चोक्यारकूतु' दक्षिण में संस्कृत नाटकों के मंचन के लिए प्रयोग किया जाता था। धीरे-धीरे नाट्य-संगीत के लिए अनुकूल गेय नाटकों की रचना हुई। उसके बाद मध्य युग में सर्वत्र वैष्णव धर्म का जोरदार प्रचार हुआ और मन्दिरों में आराधनार्थ विष्णु के दशावतार को लेकर गीतप्रबन्धम् संस्कृत में रचे जाने लगे। इसी युग में जयदेव ने संस्कृत में 'गीतगोविन्द' (अष्टपदी प्रबन्ध) की रचना मन्दिर में नाट्य-सेवा के लिए की। इस पूजा-प्रबन्ध के कारण ही शिव मन्दिरों में श्रीकृष्ण की प्रतिष्ठा का कारण बना और मन्दिरों में नाट्याराधन के लिए एक प्रसिद्ध प्रबन्ध बन गया। तब से लेकर हमारे यहाँ नृत्य-पद्धति 'गीतगोविन्द' दशावतार की स्तुति से ही आरम्भ करने की परम्परा बनी है। आन्ध्र की 'कूचिपूडि', केरल की 'कथकळि' के प्रयोग गीतगोविन्द के स्तुति-पद्य से आरम्भ होते हैं।

यक्षगान में भी दशावतार-स्तुति की विशेष प्रधानता है। 'सभा लक्षण' पूर्वरंग विधि क्षेमेन्द्र के दशावतार स्तुति-श्लोक से आरम्भ होता है। यक्षगान के कवियों ने भी अपने ग्रन्थों के अन्तर्गत आदि अन्त में दशावतार-स्तुति के कीर्तन रचे हैं। इसीलिए यहाँ यक्षगान को 'दशावतारआट' भी कहते हैं।

यक्षगान को 'भागवतर आट' भी कहते हैं। यह 'आट' (खेल) और 'तालमद्दले' (यक्षगान गोष्ठी) दोनों रूप मन्दिर में नाट्य-सेवा और संगीत-सेवा के रूप में अर्पित होते थे। इसी कारण से हमारे यहाँ की यक्षगान मण्डलियाँ और आन्ध्र प्रदेश के यक्षगान खेल की मण्डलियाँ आरम्भ से ही किसी-न-किसी मन्दिर के साथ लगी हुई हैं। हर यक्षगान कवि अपनी कृति इष्टदेवता को समर्पित करता है। यक्षगान की मण्डली जब एक जगह से दूसरी जगह जाती है तो जाते समय भगवान की एक प्रतिमा अपने साथ ले जाती है और खेल के आरम्भ के पूर्व चौकी में भगवान की मूर्ति रखकर पूजा कर थोड़ी देर तक मूर्ति के सामने पात्र नृत्य करते हैं। यह वही नित्य सेवा का ही अंश है। भागवत भी भगवान को नमन कर बाहर आता है। यह पद्धति पूर्व परम्परा के आराधना-सम्प्रदाय की ही है। यक्षगान

का नाम भी उसी अर्थ से पड़ा है। 'यक्ष' का अर्थ है पूजा या आराधना। गान का अर्थ है—गाने का प्रबन्ध। संगीत-शास्त्र में गेय-प्रबन्ध तो गान ही है। यक्षगान का मतलब है—गाने का पूजा-प्रबन्ध। प्रबन्धवाचक के रूप में यह नाम आज भी प्रचलित हैं—जैसे 'पंचपटि यक्षगान', 'बाललीले यक्षगान' आदि। कवियों ने इसी प्रबन्ध को यक्षगान कहा है।

इस प्रकार के प्रबन्धों की रचना करीब तीन सौ साल पहले हुई होगी। विजयनगर के अभ्युदय-युग में व्यासकूट, दासकूट, वीरशैव, हरिदास कूटों के प्रभाव से आन्ध्र, कर्नाटक के मन्दिरों में पूजा-प्रबन्ध संस्कृत के बदले देश की भाषाओं में रचने की परम्परा आरम्भ हुई थी। यह नया पूजा-प्रबन्ध ही यक्षगान है। लगता है कि इसका यह नामकरण आन्ध्र में पहले ही हुआ होगा। आन्ध्र के काव्यों में, लक्षण-ग्रन्थों में 15वीं शती के पूर्व ही यक्षगान संगीताराधन का उल्लेख मिलता है। आन्ध्र के तिरुपति अण्णमाचार्य ने (सन् 1408-1500) अपने 'संकीर्तन लक्षण' नामक ग्रन्थ में 'यक्षगान' गेय-प्रबन्धों की चर्चा की है। आन्ध्र के प्राचीनतम काव्य-लक्षण ग्रन्थ (1300-1400) 'लक्षण-दीपिका' में यक्षगान के लक्षणों की चर्चा की है। ज्यादातर द्विपदी छन्द में यक्षगान की रचना की गयी है। द्विपदी मूलतः आन्ध्र का छन्द है, कन्नड़ का नहीं है।

ऐतिहासिक दृष्टि से यक्षगान की रंग-परम्परा ने लगभग 1400-1500 ई. के बीच जन्म लिया होगा। यक्षगान के प्रमुखतः चार माध्यम हैं—संगीत, नृत्य, संवाद और चित्रकारी। यक्षगान प्रसंग-साहित्य पर अवलम्बित है। यह प्रसंग गीत और पद्यों में रचे जाते हैं, जो रंगस्थल पर प्रदर्शित गीत-नाटकों के रूप में हैं।

यक्षगान प्रसंग-साहित्य रामायण, महाभारत एवं भागवत कथा पर आधारित है। विशेष रूप से रामकथा में अनस्यूत मूल्य-दृष्टि, भक्ति और आदर्शों ने समूचे भारत के गार्हस्थ्य जीवन को प्रभावित ही नहीं, अनुप्राणित किया है। इसका मुख्य कारण रामकथा का चिर-नवीन आकर्षण है जिसने भारत की अनेक भाषा के कवियों और कलाकारों को उक्त कथा को लेकर काव्य, नाटक, लोकगीत आदि लिखने की प्रेरणा दी है। वास्तव में यक्षगान मन्दिर से सम्बद्ध रंग परम्परा है—यहाँ भक्ति को बड़ा महत्त्व दिया जाता है। यक्षगान एक जन-समाज की समष्टि दृष्टि है, यह सामाजिक जीवन का संकेत है, राष्ट्रीय संस्कृति की मूल-जड़ है। वह जन-सामान्य की श्रुति भी है, स्मृति भी है। भारतीयता की रक्षा इससे होती है। इस लोक-कला में वेशभूषा, संगीत या गान, नृत्य, संवाद और अभिनय महत्त्वपूर्ण अंग हैं। इनसे कथानक निरूपित होकर प्रेक्षकों में सात्विक प्रवृत्ति जाग्रत होती है। यक्षगान रंगभूमि के लिए रचित साहित्य, नृत्य, चित्र आदि के लिए अपना पारम्परिक ढाँचा है। इस कला में निरूपित लिखित रूप को 'प्रसंग' कहा जाता है।

यह प्रसंग-साहित्य मध्यकालीन कन्नड़ भाषा में रचित है। इसमें भागवत राग, ताल, लय के साथ गाते हुए कथा-निरूपण करता है। इससे अभिनय के लिए गति मिलती है। यह पद द्राविड़ छन्दों में रचित है। कथा-निरूपण के साथ वेशधारी पात्रों को संवाद बढ़ाने के लिए प्रसंग से सामग्री मिलती है। इनका संवाद लिखित नहीं है, आशु विधान में है। यक्षगान में भक्ति को अत्यधिक महत्त्व मिलने के कारण रामायण से सम्बन्धित कई प्रसंग मिलते हैं और इनके माध्यम से भक्ति एवं संस्कृति का प्रचार होता आया है। इस लोकनाट्य के प्रमुख प्रसंग हैं—पुत्रकामेष्टि-सीताकल्याण, श्रीराम पट्टाभिषेक, पंचवटी, सीतापहरण, अहल्याशाप, वानराभ्युदय आदि। रामायण प्रसंगों के कई कवि हुए हैं। कुछ कवियों के गीत या प्रसंग आज मौखिक रूप से सुनने को मिलते हैं। इन यक्षगान कवियों में पार्तिसुब्ब एक प्रसिद्ध कवि हैं जिनके सात रामायण-प्रसंग उपलब्ध होते हैं। पार्तिसुब्ब कर्नाटक के तटवर्ती प्रदेश के कणिपुर गाँव के हैं। कणिपुर या कण्वपुर कर्नाटक और केरल के बीच में है। कवि पार्तिसुब्ब केरल के कथकळि नाट्य से भी प्रभावित हैं। पार्तिसुब्ब खुद भागवत (कथानायक, मंच से जुड़े) भी हैं। बताया जाता है कि इन्होंने तिरवांकूर (केरल) राज्य में अध्ययन किया था। यह बताया जाता है कि इन्होंने केरल के कथकळि-प्रयोग को कर्नाटक में यक्षगान के रूप में परिवर्तित किया और बाद में कई यक्षगान के कवियों ने उनका ही अनुसरण किया। इनका काल 16वीं शती है (सन् 1590-1620 तक)।

पार्तिसुब्ब श्रीकृष्ण के परम भक्त हैं। उन्होंने कहा है कि मैंने रामायण की रचना कण्वपुर में रह कर श्रीकृष्ण के वरप्रसाद से की है। साथ ही उन्होंने अपने इष्टदेवता मदऊर विघ्नेश्वर की स्तुति की है। उस मदऊर या मधुपुर मन्दिर के अन्दर मंडप के ऊपर के भागों पर पुत्रकामेष्टि प्रसंग की हर घटना यक्षगान की वेशभूषा में प्राचीन लकड़ी पर (छत पर) चित्रित है। कारीगरों से बनाई गयी यह चित्रकला अद्भुत है। इसमें कलाकारों ने अपनी अद्भुत कला-शक्ति दिखाई है और रामायण प्रसंगों के प्रति अपना श्रद्धाभाव प्रदर्शित किया है। कवि ने अपनी 'पंचवटी रामायण' के आरम्भ में कहा है—

**दात्रिगुत्तम कण्वनाम पुरदि निंतिर्द श्रीकृष्णन**
**तत्पादांबुज दिव्यनामवरहिं यी पार्वतीनंदनं**
**बत्तीसाकृति ताळरागविधदिं रामायणं पेळ्वुदु**
**भक्तिध्यानदि केळ्द पुण्य कथेयं संतोषम् माळपुदु।**

'बत्तीसाकृति ताळरागविधदिं रामायणं पेळ्वुदु' पंक्ति महत्त्वपूर्ण है। इसमें कवि पार्तिसुब्ब ने हिन्दी शब्द 'बत्तीस' का प्रयोग किया है। कवि का कहना है कि मैं संगीत के बत्तीस रागताळ के द्वारा समस्त रामायण कहने जा रहा हूँ। उन्होंने आरम्भ में कथकळि नाटक से प्रभावित होकर अपनी रचनाएँ की हैं। बाद में उस प्रभाव से मुक्त होकर उसी रागताळ में रामायण के अनेक प्रसंगों की रचना की है। बत्तीस रागताळ विधान कर्नाटक संगीत में प्रसिद्ध है। कवि पार्तिसुब्ब संगीत के अच्छे जानकार थे। संगीत-कला में उन्हें अत्यधिक रुचि थी। यहाँ यह भी स्पष्ट है कि विभिन्न कलाओं के माध्यम से हिन्दी के शब्द दक्षिण की भाषाओं के माध्यम से घुस गये हैं। कवि ने 'बत्तीस' संख्या शब्द को कन्नड़ में ज्यों का त्यों रखा है। कवि इसी पद में आगे कह रहे हैं कि जो पाठक-लोग भक्ति एवं ध्यान से इस पुण्य-कथा को सुनेंगे तो उन्हें सन्तोष मिलेगा। यहाँ स्पष्ट है कि पार्तिसुब्ब ने शास्त्रसिद्ध 'बत्तीसाकृति'—32 स्वरूपों से कन्नड़ यक्षगान की रचना की है और इस प्रकार पार्तिसुब्ब ने अनपढ़ लोगों में रामभक्ति का प्रचार संगीत से युक्त लोक-नाट्य के जरिए किया था। कवि पार्तिसुब्ब केवल लोक कवि नहीं हैं। वे प्रतिभाशाली कलाकार थे और विशेष रूप से संगीतकार थे। उन्होंने कई जगह रामचरित की संगीतात्मकता पर जोर दिया है। वे रामायण की कथा को, हमारी अपनी समृद्ध संस्कृति को संगीत-कला के माध्यम से कन्नड़ जन-जन तक पहुँचाना चाहते थे। उन्होंने और एक पद में कहा है--

**रामचरितवनु कन्नड़ यक्षगानदलि**
**ना मनसुबंदंते वर्णिसिदेनिदर नि**
**स्सीम कविगळु केळि तप्पुगळ कळेदु**
**शुद्ध प्रतिय माडि बळिक।**
**भूमियोळु रागताळवनरितु पाडिदरे**
**महाकण्वपुरदोडेय श्रीकृष्ण**
**सुप्रेमदिं सकलभाग्यवनित्तु सकलरं**
**रक्षिसुवननुदिनदोळु।**

अर्थात् मैंने 'रामचरित' को कन्नड़ यक्षगान में अपनी इच्छा के अनुसार वर्णन किया। इसे श्रेष्ठ कवि लोग सुनकर, गलतियों को निकालकर शुद्ध प्रति करने के बाद, भूमि पर राग-ताल विधान को पहचान कर गायेंगे तो महाकण्वपुर का मालिक श्रीकृष्ण सुप्रेम से सकल भाग्य प्रदान कर समस्त लोगों की रक्षा निरन्तर करेगा। यहाँ स्पष्ट है कि कवि पार्तिसुब्ब गन्धर्वशास्त्र में परिणत थे और बड़े गायक भी थे। कवि ने कहा है कि मैंने लोकभाषा कन्नड़ में, लोकनाट्य यक्षगान की शैली में रामचरित को उतार दिया है। कवि में अहंकार नहीं, वे अपने को एक सामान्य रामभक्त के रूप में देखते हैं। इसीलिए कवि कहता है कि बड़े-बड़े श्रेष्ठ कवि लोग मेरे रामचरितगान को ठीक कर, राग-ताल विधान को ठीक-ठीक पहचान कर गायेंगे तो उनका समस्त भाग्य खुलेगा।

यक्षगान की प्रसंग-रचना में कवियों ने सरलता को बहुत महत्त्व दिया है। गान-क्रिया में पद कान पर पड़ते ही अर्थ निकलता है। इसीलिए यक्षगान के कवियों ने कहीं भी क्लिष्ट पदों का प्रयोग नहीं किया है। कवि ने सर्वत्र जनभाषा कन्नड़ का प्रयोग कर रामचरित के महत्त्व का प्रचार किया है।

एक जगह कवि पार्तिसुब्ब ने एक प्रसंग का उल्लेख किया है जिसमें दशरथ की मृत्यु की खबर सुनकर सीता ने अपने दुःख को इस तरह प्रकट किया है–

**इन्नारेन्ननु गुणदलि मन्निसि मन्निसि करेवरु,**
**कण्णलि काणदे होयिते पुण्यवे हा विधिये?**

सीता की यह पंक्ति मन को हिलाती है। वह कहती है कि आँखों से जो ओझल हो गया वह केवल दशरथ नहीं है, वह केवल मेरे मात्र का ही नहीं अपितु सम्पूर्ण अयोध्या के सब लोगों का पुण्य है। कवि ने उक्त आदर्श निरूपण सामान्य लोगों की बोलचाल की भाषा में किया है। यह कवि की कला की विलक्षणता है।

इसी तरह मध्य युग के कन्नड़ सन्तों की रामकथा पर आधारित रचनाओं में हमारी अपनी संस्कृति के विभिन्न रूप देखने को मिलते हैं। भक्ति-युग के कवि कनकदास ने 'रामधान्य चरित्र' नामक काव्य लिखा है जिसमें वर्ग-संघर्ष और आहार-पोषण आदि बातों पर जोर दिया गया है। इसमें कवि वनवास के कष्टों को दूर करने के लिए धर्मराज को शाण्डिल्य ऋषि रामकथा तथा 'रागी'* चावल की कथा कहते हैं। गौतम ऋषि जौ, गेहूँ, धान आदि नवधान्य मँगाते हैं और रागी के बारे में अपनी पसन्द सूचित करते हैं। रागी और चावल में अपनी-अपनी महत्ता प्रदर्शित करते हुए वाद-विवाद छिड़ता है। चावल रागी को 'क' पदार्थ कहता है क्योंकि निम्न जाति के लोग ही इसे खाते हैं। ब्राह्मणों के घरों में रागी का उपयोग नहीं होता। रागी चावल से कहता है कि मैं दीन-दलितों का प्यारा हूँ, अकाल में अमीर-गरीब सबका सहारा हूँ। राम उनका झगड़ा समाप्त करने के लिए उन दोनों को कारावास भेजते हैं, कारावास के कारण धान का रूप बिगड़ जाता है, रागी स्वस्थ बनता है। सभी देवता-गण 'रागी' की शक्ति-सामर्थ्य की प्रशंसा करते हैं। राम 'रागी' को अपने नाम से प्रसिद्ध होने का वरदान देते हैं। उस दिन से 'रागी' को 'राघव' नाम से जाना जाता है। राम पराजित धान को तसल्ली देते हैं। इस कृति में कनकदास ने पौराणिक और सामाजिक वस्तु का सुन्दर मेल किया है। इसमें धान उच्च वर्ग का प्रतीक है, रागी निम्न वर्ग का। इस वर्ग-संघर्ष को प्रस्तुत करते हुए उस युग में ही 'रागी' धान्य की पौष्टिकता की ओर कवि कनकदास ने लोगों का ध्यान आकर्षित किया है। 'रागी' को 'राघव' कहकर उस भक्ति-युग में कवि कनकदास ने पोषाहार सम्बन्धी अपनी धारणा का लोगों के बीच में प्रचार किया है। यह सारी अपनी संस्कृति की उदारता है जो जन-जीवन से सदा जुड़ी रही है। इन्हीं कलाओं के माध्यम से जीवन का सारा अनुभव, हर्ष-विषाद अभिव्यक्त किया गया है।

इन बातों के विवेचन से यही तथ्य सिद्ध होता है कि भक्ति-युग में विभिन्न नाट्य एवं संगीत-कलाओं की कल्पना केवल मनोरंजन के लिए नहीं की गयी, बल्कि वह लोगों की आस्थाजनित देवताओं की आराधना के लिए रूपायित की गयी विभिन्न कला-परम्पराएँ हैं।

---

* 'रागी' एक पौष्टिक अनाज है, जो कर्नाटक के कुछ भागों में पैदा होता है।

# राम के रामत्व की पुनर्स्थापना एवं मास्ति जी के काव्य

## ('रामनवमी' एवं 'रामपट्टाभिषेक' काव्य के सन्दर्भ में)

**डॉ. नामदेव एम. गौडा**

कर्नाटक की सांस्कृतिक खुशबू को पूरे भारतवर्ष में फैलानेवाले ज्ञानपीठ पुरस्कार से सम्मानित मास्ति वेंकटेश अय्यंगार 'श्रीनिवास' का जन्म 06 जून 1891 को कोलार जिला, मालूर तालुका के छोटे से गाँव होंगेनहल्ली में हुआ। संस्कारशील परिवार में जन्मे, दरिद्रता से त्रस्त होते हुए भी मास्ति जी ने कठिन परिस्थितियों में भी 1912 में बी.ए. पास करने के बाद प्रेसिडेंसी कालेज मद्रास से एम.ए. (अंग्रेजी में) पास किया। 1913 की मैसूर सिविल सर्विस (MCS) में प्रथम स्थान लेकर उत्तीर्ण हुए और 1914 में सहायक कमिश्नर, 1930 में डेप्युटी कमिश्नर नियुक्त हुए। 1929 में बेळगाँव साहित्य सम्मेलन के अध्यक्ष निर्वाचित हुए। 1943 में कन्नड़ साहित्य परिषद के उपसभापित भी चुने गये।

मास्ति जी श्री वैष्णव सम्प्रदाय के अनुयायी थे। जीवन में जो मिला उसे प्रभु की असीम कृपा मानकर स्वीकारते थे। उन्होंने स्वीकारा था—"प्रभु ही दाता है, हम सब हैं भिखारी। उसकी कृपा बिना न ज्ञान है, न भक्ति ही। मेरी उससे विनम्र प्रार्थना है कि आस्था न डिगे। भक्ति ना मिटे, धीरता बनी रहे, शक्ति मिला करे जिससे सेवा जारी रहे।" मास्ति जी तमिल-भाषी होते हुए भी कन्नड़ भाषा एवं साहित्य के लब्ध प्रतिष्ठित रचनाकार थे। साहित्य साधना के मूल में उनकी गहरी मानवीय जीवन श्रद्धा छिपी हुई है। वे समाज में आपसी प्रेम के पुजारी थे। सनातन प्रेमी मास्ति जी की दृष्टि सबसे परे है, वह जाति-धर्म जैसे संकीर्ण मनोभावों को तोड़कर मानवीय प्रेम को स्थापित कर विश्वबन्धुत्व की परिकल्पना को साकार बनाती है। मास्तिजी का पूरा साहित्य मानवीय चेतना की विराटता का दिग्दर्शन कराता है। यह रचनाकार की उपलब्धि भी है। मास्ति जी का साहित्य कन्नड़ भाषा साहित्य की धरोहर है। उन्होंने अपनी लेखनी द्वारा पन्द्रह कहानी संग्रह, पाँच उपन्यास, तेरह कविता संकलन, सत्रह नाटक, बारह समीक्षात्मक ग्रन्थों के साथ संस्मरण, अनुवाद प्रकाशित कर कन्नड़ साहित्य को समृद्ध बनाया। इसके अलावा अँग्रेजी में पन्द्रह ग्रन्थों की रचना कर अपनी बहुभाषा-विद्वत्ता की छाप छोड़ दी।

मास्ति जी पर संस्कारशील परिवार की अमिट छाप देखने को मिलती है। उनके घर में निरन्तर रामायण का पाठ-पठन होता था। यह उनके काव्य जगत की अमूल्य निधि है। 'राम' उनके रग-रग में बसे हुए थे इसका साक्षी 'रामनवमी' एवं 'रामपट्टाभिषेक' काव्य है। मास्ति जी का 'रामनवमी' 1941 में प्रकाशित काव्य संग्रह है और 'रामपट्टाभिषेकम्' 1972 में प्रकाशित काव्य संग्रह है। दोनों काव्य लम्बी रचनाएँ होने के कारण खण्डकाव्य की कोटि में रखे जा सकते हैं।

'रामनवमी' काव्य एक लम्बी काव्य परम्परा की महत्त्वपूर्ण कड़ी है। चौपाई छन्द में लिखा गया यह काव्य अन्त्यानुप्रास का सशक्त दस्तावेज है। काव्य में संवादशैली ही इसका प्राण है। 'रामायण'

एवं 'महाभारत' की कथाएँ, घटनाएँ मनुष्य की मनोदशा को परिवर्तित करती हैं और करती रहेंगी। कथा कहने का ढंग अलग होते हुए भी पात्र तो मूल कथा का ही प्रतिनिधित्व करते हैं। 'रामनवमी' की कथा भी 'रामायण' की घटना पर ही आधारित है। यहाँ काव्य एक कथा के रूप में विकसित होती है। 'रामनवमी' के दिन बोवन गाँव के जवरेगौड़ा द्वारा सुनाई गयी कथा ही 'रामनवमी' काव्य के रूप में परिणत होती है। 'बसरी पेड़' (गर्भिणी पेड़) के नीचे ये कथा चलती है। यहाँ कथा सुनानेवाला कवि न होकर गाँव का गौड़ है पर श्रोता बनकर कवि यहाँ उपस्थित रहता है। इस पेड़ के नीचे बैठकर गौड़ इस स्थान की महिमा का बखान करते हुए राम-सीता एवं लक्ष्मण की कथा सुनाता है। कवि सीता के दुख से अभिभूत होकर लिखते हैं–

**कन्नड़** : विदेह राज तनूजे, दशरथ
चक्रेश्वरन सोसे
इ क्लेशव तडेवळे? सरीये इ
तन्वीगे इंथ देसे?

**हिन्दी अनुवाद** : जनक राज की सुता, दशरथ
सम्राट की बहू
इस पीड़ा को कैसे झेलेगी? ठीक नहीं
ऐसी दशा कोमलांगी की।

राम अपने वनवासकाल में संचार करते समय तपती दोपहरी की कड़ाके की धूप में सीता माता के दुःख भरे चेहरे को देखकर हरियाली से युक्त पेड़ के नीचे बैठने का आग्रह करते हैं।

सीता को राजमहल की सुन्दरता, जंगल के सौन्दर्य के सम्मुख तुच्छ-सी प्रतीत होती है और कहती है–

**कन्नड़** : इल्लीगे बारदे इ बनसीरियन्नु
काणबहुदु एंतु?
नोडबल्लेनिद इल्लिये इन्नू
हत्तु वरुष निंतु।

**हिन्दी अनुवाद** : यहाँ न आते, इस वन के सौन्दर्य को
देखना न होता?
देखना है यहीं अनेक सारा
दस सालों तक रुककर।

राम-सीता, लक्ष्मण विश्राम करने लगे, सीता को राम के जन्मदिन की याद आ जाती है। सीता माता तुरन्त उठकर, फलों को एकत्रित करती और स्वादिष्ट भोजन बनाती है और खुशी से तीनों भोजन कर, विश्राम करते हैं और चल पड़ते हैं। उस स्थान की मोहकता, सुन्दरता से सीता मन्त्रमुग्ध हो जाती है और प्रसन्नता से पेड़ को वरदान देती है कि–"बाड बेड नी" (तुम कभी नहीं मुरझाओ)। भोजन बनाने हेतु जिस कुएँ से पानी लिया था उस कुएँ को कभी न 'सूखने' का वरदान देती है।

हर साल राम-सीता रामनवमी के दिन यहाँ आकर कुछ समय बिताते हैं ऐसी धारणा लोगों के मन में बसी हुई है। यह विश्वास ही सनातन परम्परा है। वह पेड़ आज भी है ऐसा विश्वास लोगों में बसा हुआ है। गौड़ के दादा-परदादा को राम-लक्ष्मण सीता के दर्शन हुए हैं प्रचलन में है, गौड़ भी उनके दर्शन के आस में रामनवमी के दिन जलती हुई दोपहरी में आकर बैठा रहता है। उसे उनके दर्शन होंगे ऐसा विश्वास उसमें है–

**कन्नड़** : काणुवरेंदे नंबिहे नानू
हिरियर नुडि हिडिदु
कांबरे इल्लवे नोडबेडवे
नंबिकेयल्ली नडेदु?

**हिन्दी अनुवाद** : दिखाई देंगे विश्वास है मुझमें

बड़ों की बातों पर चलते
सच है या नहीं देखना है
विश्वास से चलकर?

इसी के साथ कथा में स्वर्ग-नरक की परिकल्पना भी नये सन्दर्भ में सामने आती है। धर्म का अभिन्न रूप सामने खुलता जाता है। गौड़ का अनुभव मार्ग प्रशस्त होते अग्रसर होता है। परन्तु प्राचीन कथा का नया अर्थ सन्दर्भ मास्ति जी की सनातन दृष्टि का परिचायक है। प्राचीन कथा नये सत्व के साथ सामने आती है—पेड़ के नीचे बैठे पति-पत्नी राम-सीता बनकर उपस्थित होते हैं। पुराण की कथा का आधार ग्रहण कर वास्तविकता को सामने लाना मास्ति जी के काव्य की मूल संवेदना है—

**कन्नड़** : दशरथ सीता रामरु इवरु
नाने अदर जनक
मनदिंदिलीयदु इन्ना चित्र
इ उसिरीरुवनक।

**हिन्दी अनुवाद** : ये दशरथ के सीता राम
मैं ही उनका सृष्टिकर्ता
मन से दूर न होगा अब ये चित्र
ये साँसें चलेंगी जब तक।

मास्ति जी की धार्मिक कल्पना समाज को नैतिकता का पाठ पढ़ानेवाली है। उसे मनुष्य की सहज प्रवृत्तियों का भण्डार कह सकते हैं। राम-सीता के वैवाहिक जीवन, पतिपरायणता आदि सन्दर्भ स्वस्थ समाज के लिए काव्य में गूँथे गये हैं। सीता का पति के साथ वनवास जाना धर्म से भी बढ़कर पतिपरायणता है। यह काव्य सीता एवं राम के भव्यरूप के साथ समाज में नैतिकता की स्थापना करता है।

इस प्रकार 'रामनवमी' काव्य मास्ति जी के स्वस्थ समाज की कल्पना पर आधारित महत्त्वपूर्ण काव्य है। मास्ति जी प्रत्येक स्त्री-पुरुष में राम एवं सीता को देखने का महोन्नत कार्य करते हैं। उनकी दृष्टि सनातन मूल्यों की ओर रही है। इसलिए 'रामनवमी' काव्य जीवन में नयी जागृति, चेतना को संचारित करनेवाला काव्य रहा है।

मास्ति जी का राम चरित्र पर आधारित दूसरा महत्त्वपूर्ण काव्य 'रामपट्टाभिषेक' है। उनकी सम्पूर्ण काव्यकृतियों में 'रामपट्टाभिषेक' लम्बी काव्यकृति है। उन्होंने ही स्वयं कहा था—"युवावस्था में ही संकल्प कर, अधेड़ अवस्था में श्री गणेश कर, वृद्धावस्था में समाप्त किया हुआ काव्य है।" अर्थात् इस काव्य-रचना के पीछे मास्ति जी की दीर्घ साधना है। यह काव्य 'रामपट्टाभिषेक' से सम्बन्धित काव्य है परन्तु इसकी एक विशेषता यह है कि यह समग्र रामायण का सिंहावलोकन है। हनुमान, गुह, सुमन्त, शत्रुघ्न, कैकेयी, उर्मिला, मंथरा आदि पात्रों के चिन्तन-मन्थन को इस काव्य में स्थान दिया गया है। रामायण की प्राचीन कथा को नया चौखटा मिला है। हर एक पात्र के मनोभावों के साथ नये अर्थ खुलते जाते हैं और इसके माध्यम से कथा को और भी पुष्टि मिलती है।

'श्रीरामपट्टाभिषेक' काव्य का प्रारम्भ भरत द्वारा नन्दिग्राम में राम के आगमन की प्रतीक्षा द्वारा प्रारम्भ होता है। इस समय चौदह वर्ष पूर्ण हो चुके हैं। राम के बिना चौदह साल तक जनता किस

प्रकार, किन-किन दिशाओं में राम के आगमन की प्रतीक्षा में जीती रही, इसका जीवन्त चित्र यह काव्य है। मास्ति जी ने एक-एक चित्र को पैनी दृष्टि से सामने लाने का कार्य काव्य द्वारा किया है। राम के आगमन के समय में शत्रुघ्न द्वारा गुह को कैकेयी के सम्बन्ध में जो बातें कही गयीं, उससे राजभवन के अन्तःपुर में घटी घटनाओं का समग्र विश्लेषण मिलता है–

**कन्नड़** : चिक्कम्मन परि अवरदे परि
अवरु एल्ल संगतियलू
तीव्र यावूदो विषगळिगे, एनेनो
बेडिदरु, आइतु, अदु तंद केडेनितु
नोडिदरु, बेडिदुदु तपेंदु अरितरु
मरुगी कण्णागी कण्णिरागी करगीदरु।

**हिन्दी अनुवाद** : छोटी माँ का हट ही हट
वे सब विषयों में
जल्दबाजी, कोई बुरा समय, कुछ
माँगा हुआ, उससे क्या बिगड़ जाता
देखा, जो माँगा वह गलत था लगा
चिन्ता से, आश्रुओं से तप्त होकर पिघल गयी।

इस प्रकार कैकेयी का हठीला स्वभाव, जल्दबाजी के कारण अयोध्या का सूर्य वचन पालन हेतु चल पड़ा। कैकेयी के कारण अयोध्यावासियों को राम जैसे अवतारी पुरुष के सान्निध्य से चौदह साल तक वंचित रहना पड़ा। कैकेयी ने जो कुकर्म किया–एक माँ को अपने बेटे से दूर किया, उस कर्म को उसे भी इसी जन्म में अपने बेटे भरत से दूर रहकर भुगतना पड़ा। यह दृष्टि सनातन दृष्टि रही है। मास्ति जी ने इसी सत्य से अवगत कराने का महोन्नत कार्य इस काव्य द्वारा किया है।

राम के आगमन हेतु राजभवन के सारे प्राणी कातर दृष्टि से चातक की भाँति उसी पथ को निहार रहे हैं। राम के वनवास जाने का दुःख हर एक को है पर उसी दुःख में ही तल्लीन रहकर सारा जीवन नष्ट करना उचित नहीं है इस ओर संकेत करना मास्ति जी का उद्देश्य रहा है। राम ने अयोध्या की, अयोध्यावासियों के सुन्दर जीवन की कल्पना की थी। कैकेयी के वरदान माँगने से अयोध्यावासियों पर दुःख के बादल तो छाये पर कुछ क्षण के लिए। क्योंकि नियति को कोई नहीं बदल सकता। जो प्रारब्ध में है उसे कोई भी टाल नहीं सकता इसीलिए मास्ति जी कल्पना करते हैं कि–राम नहीं है यह एक सत्य छोड़कर सारा का सारा जीवन पहले जैसा ही था। हर एक में अपनत्व का जो भाव था वह विश्व के लिए अनुकरणीय योग्य था। मास्ति जी ने 'रामपट्टाभिषेक' काव्य के माध्यम से 'वसुधैव कुटुम्बकम्' उक्ति को चरितार्थ करने का कार्य किया है।

यह काव्य अयोध्यावासियों को, वहाँ के समाज को उन्नत स्थान देने हेतु लिखा गया काव्य मात्र न होकर किष्किन्धा की जनता, कपि शिरोमणियों के जीवन की सुन्दरता पर भी प्रकाश डालता है। इतना ही नहीं लंकावासियों के उन्नत जीवन की झाँकियों को भी स्थान देना मास्ति जी का उद्देश्य रहा है। वानर-राज बालि-सुग्रीव की कथा को उतना महत्त्वपूर्ण स्थान देने के पीछे मास्ति जी के परम्पराबोध का औचित्य निहित है।

मास्ति जी 'राम' को मानव के रूप में चित्रित करने के पक्ष में रहे हैं। 'राम' द्वारा किये

जानेवाले पवाड़ों को उन्होंने कथा से बाहर कर दिया। साथ ही साथ राम के साथ अयोध्यावासियों के संस्कारगत गुणों की महत्ता भी स्थापित की है। मास्ति जी ने शूर्पनखा के नाक-कान काटने के प्रसंग को छोड़ दिया है क्योंकि वे स्त्री के अपमान को सहन नहीं कर सकते थे। हनुमान, जाम्बवन्त आदि कपि वीरों को उन्नत स्थान देते हुए मनुष्य-जानवरों के भेद को मिटाने का कार्य किया है। मास्ति जी ने हनुमान द्वारा सागर को एक ही उड़ान में पार करने का भाव हास्यास्पद बताते हुए तैर कर पार किया होगा ऐसा समर्थन देते हैं। ऐसे अनेक सन्दर्भ मास्ति जी की लेखनी से नया अर्थ सन्दर्भ पाकर प्रस्फुटित हुए हैं।

इस प्रकार नये चिन्तन को भव्य रूप प्रदान करना मास्ति जी के काव्य का महत्त्वपूर्ण पक्ष रहा है। मास्ति जी जनमानस में बसी, परम्परा से चली आयी राम की देवत्व की कल्पना को तो दूर नहीं कर सकते। पर मास्ति जी की दृष्टि राम को नये रूप में जानने, परखने का नया मार्ग प्रशस्त करती है। राम के उस देवत्व स्वरूप पर चिन्तन करना, नये रूप से सोचना मास्ति जी जैसे आधुनिक बोध के मनीषी के लिए मात्र सम्भव है। इसीलिए राम को नये रूप से जानने का, नये चिन्तन के साँचे में ढालने का कार्य मास्ति जी द्वारा हुआ है। मास्ति जी के राम की परिकल्पना को जानना है तो उनके द्वारा रचित 'रामनवमी' तथा 'रामपट्टाभिषेक' काव्यों का अध्ययन करना जरूरी है तभी जाकर उनकी सनातन दृष्टि का भावबोध हो पाएगा। इसीलिए "मास्ति जी कन्नड़ की सम्पत्ति हैं।"

# रामकथा पर आधारित 'शूद्र तपस्वी' काव्य-नाटक

डॉ. परशुराम ग. मालगे

आधुनिक कन्नड़ के महाकवि कुवेम्पु रामकथा से बहुत प्रभावित हैं। इन्होंने 'रामायणदर्शनम्' नामक महाकाव्य की रचना की है। इसी तरह रामायण के शम्बूक प्रसंग को लेकर उन्होंने एक सुन्दर नाट्यकाव्य लिखा है, जो विचार की दृष्टि से क्रान्तिकारी रचना है।

## कथावस्तु

तीन दृश्यों में विभाजित 'शूद्र तपस्वी' नाटक का मूल आधार 'उत्तर रामायण' है परन्तु इसी मूल सामग्री को काफी परिवर्तित या भिन्न रूप से कुवेम्पुजी ने प्रस्तुत किया है। इस नाटक के प्रथम दृश्य में अत्यधिक शान्त परन्तु अचानक प्रक्षुब्ध हो जानेवाली दण्डकवन तथा दण्डकवन में स्थित शम्बूकाश्रम के बाह्य परिसर का वर्णन किया है। जैसे ही दण्डकवन में अशान्ति फैल जाती है, तो वहाँ के पशु-पक्षी चीत्कार करने लगते हैं, तेजी से आँधी चलने लगती है। इसी आँधी की चपेट में आकर आश्रम के द्वार पर स्थित वटवृक्ष के पत्ते उड़ने लगते हैं। परन्तु क्षण भर में ही वह वटवृक्ष भैरव का रूप धारण कर अत्यधिक क्रोधित होकर, अपनी गम्भीर ध्वनि में पूछता है, 'वह कौन है जिसने इस शान्त वन को इतना प्रक्षुब्ध, अशान्त बना दिया।' इसे सुनकर मृत्यु देवता अपने भयंकर रूप के साथ वृक्ष के सम्मुख प्रत्यक्ष होकर कहता है–'मैं मृत्यु देवता हूँ।' इसे सुनकर भैरव (वटवृक्ष) सोचता है शायद यह मृत्यु देवता अपना रास्ता भूलकर इस ओर आया है, और उसे रोकने का प्रयास करता है। परन्तु मृत्यु देवता कहता है कि–

'अरे सुनो पागल/आ गया शम्बूक ऋषि के गौरव के लिए धर्म देवता की आज्ञा से...' (शूद्र तपस्वी–कुवेम्पु, पृ. 13)

इसे सुनकर भैरव (वटवृक्ष) को आश्चर्य होता है। तब मृत्यु देवता अपने आने का उद्देश्य बताते हुए, सुबह से आश्रम में आनेवालों के बारे में पूछता है, तो वह भैरव सूर्यदेव का किरण दूत, मंदानिल, प्रकृति देवी और अन्त में आये हुए विप्र के बारे में बता देता है। तो इसे सुनकर, मृत्यु देवता उसी विप्र द्वारा शूद्र तपस्वी (शम्बूक) के अपमानित होने की घटना के बारे में बता देता है। इसे सुनकर श्रीराम के इस रामराज्य में ऐसी घटना घटित होने की बात से वटवृक्ष (भैरव) काफी दुःखी हो जाता है। फिर इसके बाद मृत्यु देवता आश्रम की ओर चला जाता है और भैरव फिर से अपने मूल रूप अर्थात् वृक्ष के रूप में रूप धारण कर लेता है।

द्वितीय दृश्य में अयोध्या में घटित घटनाओं का वर्णन है। राम के दरबार के उपवन में अपने पुत्र की मृत्यु से दुःखी विप्र इसका मूल कारण राम के राज्य में एक शूद्र द्वारा तप कर, वर्णाश्रम धर्म का उल्लंघन कर अधर्म का आचरण करना मानकर, रो रहा है तथा चिल्ला-चिल्लाकर इसका

दोष श्रीराम पर डालता है। इसे सुनकर श्रीराम विप्र के प्रति क्रोधित होते हैं, फिर भी अपने क्रोध को व्यक्त न करते हुए उसे समझाने का प्रयास करते हैं कि महा तपस्वी उस शम्बूक के प्रति इस तरह अनादर दिखाना और उसे अपमानित करना ठीक नहीं है और इस तरह अपमानित करने से ही इसका बेटा मर गया है।

तृतीय दृश्य में फिर से शम्बूकाश्रम का वर्णन किया गया है। जब विप्र को समझाने पर भी वह समझ नहीं पाता, तब श्रीराम उसे अपने साथ लेकर शम्बूक के आश्रम पर पहुँचता है तथा विप्र के कहने पर शम्बूक को मारने के लिए अपने ब्रह्मास्त्र का प्रयोग करता है। परन्तु इस ब्रह्मास्त्र से उस महा तपस्वी को कुछ भी नहीं होता है, और वह ब्रह्मास्त्र उस महान तपस्वी, ऋषिवर शम्बूक के प्रति श्रद्धा समर्पित कर वापस आता है। इसे देखकर यह विप्र काँपते हुए श्रीराम विप्र को कहता है। इस घटना से विप्र का भ्रम टूट जाता है और वह पश्चात्ताप करते हुए श्रीराम के कहने पर तुरन्त तपस्वी शम्बूक को साष्टांग नमस्कार करता है। इसी क्षण सम्पूर्ण वातावरण बदल जाता है, विप्र का पुत्र पुनः जीवित हो जाता है। तब पुत्र-पिता दोनों ही शम्बूक को नमस्कार करते हैं, तथा महान तपस्वी ऋषिवर शम्बूक से आशीर्वाद प्राप्त कर लेते हैं। इसके साथ ही कथा समाप्त हो जाती है।

उपर्युक्त यह कथावस्तु महाकवि कुवेम्पु द्वारा रचित 'शूद्र तपस्वी' नाटक की कथावस्तु है। परन्तु मूलतः शूद्र होकर आखेट वृत्ति करते हुए क्रमशः ज्ञान के मार्ग पर चलकर 'वाल्मीकि' बने कवि अपनी कृति में एक शूद्र को तपस्या के अधिकार से दूर करना, समर्थन करने योग्य नहीं है। यदि ऐसा सोचा होगा तो वह अत्यन्त संकुचित बन जाने का भय है। परन्तु एक ब्राह्मण द्वारा श्रीराम की सहायता से शूद्र तपस्वी के शिरच्छेद करने की यह कथा 'उत्तर रामायण' में वाल्मीकि के नाम से घुस गयी है। इसी कथा को आधुनिक दृष्टिकोण के अनुसार परिवर्तित कर इसके माध्यम से एक शाश्वत सन्देश देनेवाली एक उत्कृष्ट कलाकृति है 'शूद्र तपस्वी'। वाल्मीकि की ओर से जो अपचार हुआ है, उसे ही ठीक करने के महान कार्य के प्रति कुवेम्पु अग्रसर होने से ही 'शूद्र तपस्वी' की रचना सम्भव हुई है। ऐसी कथा की रचना वाल्मीकि ने की है ऐसा मानना कष्टप्रद है, उसी कष्ट का निवारण करने का प्रयत्न ही कुवेम्पु जी का 'शूद्र तपस्वी' नाटक है।

'उत्तर रामायण' में चित्रित वर्ण-द्वेष से पूर्ण कथा का यह प्रसंग वाल्मीकि ने ही लिखा है? और श्रीराम ऐसा भी कर सकते हैं क्या? इस तरह का प्रश्न उठना स्वाभाविक है। अतः स्वतन्त्र विचार रखनेवाले, चिन्तनशील, मानवतावादी कवि कुवेम्पु जी को इस प्रसंग ने विशेष रूप से आकर्षित किया। इसीलिए धर्म ग्रन्थ के रूप में प्रसिद्ध भक्ति एवं गौरव के पात्र 'रामायण' जैसे पवित्र ग्रन्थ में व्यक्त विचार युक्त प्रसंग जनमानस, जन-जीवन पर जो प्रभाव डाल सकता है, इस पर विचार कर कुवेम्पु ने इस प्रसंग को नवीन रूप में प्रस्तुत किया है, और एक नवीन स्पर्श दे दिया है, जैसा कि...वृद्ध ब्राह्मण के पुत्र की अकाल-मृत्यु अवश्य धर्मद्रोह के कारण ही हुई है, परन्तु वह धर्मद्रोह शूद्र तपस्वी द्वारा न होकर, शूद्र तपस्वी द्वारा तपस्या करना धर्मद्रोह, अधर्म, वर्णाश्रम धर्म का उल्लंघन करनेवाले ब्राह्मण के धर्मद्रोह से ही हुआ है। इस प्रकार मूल कथा को कुवेम्पु ने एक नया मोड़ दे दिया है। इसके परिणाम स्वरूप इस नाटक में वृद्ध ब्राह्मण का महत्त्व, धर्म की उन्नति, श्रीराम के महोन्नत व्यक्तित्व इस प्रकार सब कुछ एक साथ पुनः प्रतिष्ठापित हुआ है।

नाटक 'मूल रामायण' की कथा के रूप में ही चलता है, पात्र भी ऐसे ही हैं, लेकिन उन पात्रों के व्यवहार में मात्र सच्ची मानवीयता की खोज है, सत्य दर्शन है, महत्त्वपूर्ण सामाजिक न्याय है। इसमें चित्रित ब्राह्मण का रोदन, उसकी तरह नहीं है। ब्राह्मण पुत्र की मृत्यु, मृत्यु नहीं है, बल्कि वह

सिर्फ अचेतावस्था श्रीराम सच्चे राजा, धर्म परायण, ज्ञानी और पुरुषोत्तम हैं, उनका सोच परिपूर्ण है। 'सबको समान जीवन और समान हिस्सा' प्रदान करनेवाले हैं। इसीलिए वे ब्राह्मण की बातों में दोष, क्रूरता एवं गलत विचारों को बहुत जल्दी समझ लेते हैं। इससे श्रीराम के व्यक्तित्व की उत्कर्षता गोचर होती है।

रामायण की कथा के परिप्रेक्ष्य में ही रचित 'शूद्र तपस्वी' के रचना-क्रम में तथा संवादों में प्रयुक्त व्यंग्य एवं नाटकीयता प्रस्तुत नाटक की एक बहुत बड़ी उपलब्धि तथा उसका वह बीज भाग है। 'दुष्ट शिक्षा शिष्ट रक्षा' का पौराणिक आशय इस नाटक में चित्रित हुआ है यह इसकी बहुत बड़ी व्यंग्यात्मक उपलब्धि है। अर्थात् रामायण में वर्णाश्रम धर्म के विरुद्ध आचरण करनेवाला शूद्र तपस्वी शम्बूक दुष्ट है तथा जो उसको दण्डनीय मानते थे वह विप्र अच्छे और धर्म परायण थे। परन्तु कुवेम्पु जी के 'शूद्र तपस्वी' में वही ब्राह्मण के साथ चलकर शूद्र तपस्वी को देखते हैं, और उन्हें नमस्कार करते हैं तथा ब्राह्मण के साथ धर्म-अधर्म के बारे में विचार-विमर्श, चिन्तन-मन्थन करते हैं। परन्तु ब्राह्मण का एक ही वाद है कि शम्बूक द्वारा वर्णाश्रम धर्म का उल्लंघन हुआ है, इसी पाप कृत्य से उनका पुत्र अकाल मृत्यु का शिकार हुआ है। इसीलिए शूद्र तपस्वी शम्बूक का वध कर दे। तब श्रीराम अधर्मी को ढूँढ़ कर मारने का आदेश देकर ब्रह्मास्त्र का प्रयोग करते हैं तो, वह ब्रह्मास्त्र शम्बूक के पास जाकर उन्हें नमस्कार करता है। इसे देखकर विप्र प्रश्न करते हैं 'बाण निष्फल है क्या?' तब वह ब्रह्मास्त्र तपस्या में तल्लीन महात्मा शूद्र शम्बूक को निशाना न बनाकर, महात्मा को अपमानित करनेवाले, दुर्विनीत ब्राह्मण को ही निशाना बना लेता है। इस प्रसंग में कवि ने नाटकीयता की सृष्टि की है। यही प्रसंग सम्पूर्ण वस्तु का केन्द्र है, परिवर्तन का वह मूल तूफान है, वास्तविकता या यथार्थ-चिन्तन का मूल है।

'शूद्र तपस्वी' नाटक परम्परागत रूप से चली आ रही चतुर्वर्ण पद्धति के मूल्यों को उल्टा करनेवाला एक विनूतन प्रयोग है। इसमें कुवेम्पु जी ने नये मूल्यों की प्रतिष्ठापना के लिए अपनी वैचारिकता को प्रतिपादित किया है। इसका शीर्षक ही काफी महत्त्वपूर्ण है, जो एक नयी चिन्तन प्रक्रिया के लिए प्रेरित करता है। सिर्फ ब्राह्मणों के लिए सीमित तपस्या को शम्बूक द्वारा चाहना एवं उसमें सफलता हासिल करना तत्कालीन समाज के सामाजिक विश्वासों को तोड़ने का ही एक कृत्य बन गया था। परन्तु कुवेम्पु ने इस कृति में एक ब्राह्मण चरित्र के माध्यम से ही वैदिक जड़-संस्कृति को उजागर किया है। ब्राह्मण के साथ उसके जड़ आचरण के बारे में प्रश्न करनेवाले श्रीराम के संवादों में कुवेम्पु जी की वैचारिकता प्रतिबिम्बित हुई है। साथ ही ब्राह्मण और श्रीराम के संवादों में भी कुवेम्पु जी के परम्परा के प्रति निषेधात्मक भाव को देख सकते हैं। पुरोहितशाही वर्ग अपनी जड़ संस्कृति में शास्त्र रचना, काव्य रचना, तपस्या और धर्म परिपालन का कार्य सिर्फ इनके लिए मात्र सीमित कहकर उसका प्रतिपादन करते आये हैं। स्वीकार करना तो दूर, हर बुराई की जिम्मेदारी उसी पर थोप रहे हैं।

लेकिन कुवेम्पु जी के चिन्तन ने एक नयी प्रथा की सृष्टि की है तथा अपने आशय के अनुसार मानव जीवन में 'साधना' महत्त्वपूर्ण है—इसे सिद्ध किया है। इस साधना को चाहे जो भी करें, किसी भी वर्ग या वर्ण से सम्बन्धित व्यक्ति करें, उसे स्वीकार करना चाहिए। उनका गौरव करना चाहिए क्योंकि साधना के लिए कुल, धर्म, जाति कोई मानदण्ड नहीं है और साधना कुल, धर्म आदि से बढ़कर है। जो भी हो साधना करनेवाला पूजनीय होता है। अतः कुल से सम्बन्धित असमानता दूर होनी चाहिए। समाज में बदलाव की आवश्यकता है। इसके द्वारा समाज के सामने कुवेम्पु ने एक नवीन विचार को प्रस्तुत किया है। तपस्या एक विद्या है, जिसे चाहे कोई भी कर सकते हैं, जो भी

तपस्या कर सफलता प्राप्त करेंगे, वह पूजनीय तथा गौरव के अधिकारी हैं। अतः तपस्या करने के लिए शूद्र योग्य नहीं है, इस तरह व्याख्या देनेवालों के सम्पूर्ण सांस्कृतिक क्रम को ही कुवेम्पु प्रश्न करते हैं। प्रारम्भ से ही वेदों के इस जड़-सांस्कृतिक मूल्यों का विरोध करनेवाले कुवेम्पु जी ने 'शूद्र तपस्वी' नाटक के माध्यम से अपने नये चिन्तन-मन्थन एवं नयी विचारधारा को काफी दृढ़ता के साथ साकार किया है। यहाँ श्रीराम के कथन के रूप में प्रस्फुटित उनका आधुनिक सोच, आधुनिक मूल्य का प्रतिपादन कुवेम्पु करना चाहते हैं। यही 'शूद्र तपस्वी' की बहुमूल्य उपलब्धि है।

नाटक के अन्त में ब्रह्मास्त्र से भयभीत होकर वह ब्राह्मण जब श्रीराम से रक्षा की प्रार्थना करता है तो श्रीराम अपनी असहायता व्यक्त कर उसी शूद्र तपस्वी के पैर पड़कर क्षमा याचना करने के लिए कहते हैं। रामाज्ञा के अनुसार वह ब्राह्मण शम्बूक से क्षमा याचना करता है इससे समग्र वातावरण में परिवर्तन हो जाता है। इससे धर्म सम्बन्धी अन्धविश्वास दूर हो जाते हैं। इसे ही सिद्ध करना कुवेम्पु जी के इस नाटक का मूल उद्देश्य रहा है। प्रायः पाप और पुण्य, धर्म-अधर्म, ज्ञान-अज्ञान पर किसी का भी एकाधिकार नहीं है। व्यक्ति को अपने व्यक्तित्व से साधना की उज्ज्वलता से ऊपर उठना चाहिए या महानता प्राप्त कर लेनी चाहिए।

इसमें रामायण कालीन वर्ण भेद नीति से सम्बन्धित कथा होने पर भी यह नाटक यथार्थ एवं समकालीन रहा है। क्योंकि हिन्दू धर्म में ऊँच-नीच की परिकल्पना आज भी वैसी ही है। इस पर तो चर्चा, वाद-विवाद होता ही रहेगा, लेकिन इसे ही साहित्य के रूप में क्रान्ति की राह पर ले आकर सांस्कृतिक संचलन प्रस्तुत करनेवाली 'शूद्र तपस्वी' की जाति-प्रज्ञा का पुनर्मूल्यांकन ऐतिहासिक है। यह केवल कल्पित विचार के लिए मात्र सीमित न होकर साधना करने की बद्धता है, यही अत्यधिक महत्त्वपूर्ण बात है। नाटक के रचना-तन्त्र तथा संवादों में नाटकीय व्यंग्य को इतने प्रभावी रूप में अपनाया गया है कि ऐसा कोई दूसरा नाटक कन्नड़ साहित्य में नहीं है। इस प्रकार जो वैदिकों के चिन्तन, विचार में बदलाव कुवेम्पु चाहते थे तथा जिन नवीन मूल्यों की स्थापना करना चाहते थे, वे सभी 'शूद्र तपस्वी' के रूप में साकार हो उठे हैं। अतः 'शूद्र तपस्वी' एक अनन्य कलाकृति है। समग्रतः पौराणिक अन्धविश्वास से परिपूर्ण एक कथा कवि प्रतिभा से पुनर्जन्म प्राप्त कर सम्पूर्ण संसार को रोशनी प्रदान करती है। अतः यह कुवेम्पु जी की काव्य प्रतिभा की प्रौढ़ता की सूचक, प्रतिपादक कृति है।

## सन्दर्भ ग्रन्थ

1. कुवेम्पु साहित्यदल्लि दलित संवेदने—सं. डॉ. रामराज वनदुर्गा
2. कुवेम्पु नाटकगलु—प्रो. विजया धडेद
3. आधुनिक कन्नड़ नाटक—डॉ. आर. मरुलसिद्दप्पा
4. साहित्य विमर्शे—सं. बि. एस. नागरत्न कुमारी
5. शम्बूक और शूद्र तपस्वी : एक मूल्यांकन—डॉ. टी. आर. भट्ट
6. शूद्र तपस्वी—कुवेम्पु
7. कुवेम्पु समग्र साहित्य-1—सं. डॉ. के. सी शिवरेड्डी

# महाकवि कुवेम्पु कृत 'श्री रामायणदर्शनम्' : दृष्टि एवं सृष्टि

डॉ. वी.डी. हेगड़े

कुवेम्पु कन्नड़ के राष्ट्रकवि हैं, जिनके साहित्य का सर्जनात्मक धरातल वैविध्यपूर्ण है। 'श्री रामायणदर्शनम्' कुवेम्पु की कारयित्री प्रतिभा से आविर्भूत तथा विकसित महाकाव्य है जो रचनाकार के कृतित्व का केन्द्रबिन्दु है। यू.आर. अनन्तमूर्ति के अनुसार 'श्री रामायणदर्शनम्' की पूर्ण दृष्टि भारतीय संस्कृति की ही देन है। कुवेम्पु ने रावण को स्वप्न में सीता का पुत्र बनाया है जो पूर्ण दृष्टि की ही फलश्रुति है।

कुवेम्पु ने महाकाव्य का श्रीगणेश करते हुए अपनी दृष्टि दर्शायी है। उनके कथनानुसार 'श्री रामायणदर्शनम्' वाल्मीकि रामायण की न प्रतिकृति है; न अनुवाद। वैचारिक और वैज्ञानिक दृष्टिकोण, आधुनिक युगधर्म और अपने दर्शन के अनुसार रचयिता ने कृति को रचा है। नोम चॉम्स्की ने कहा है कि सत्य का उद्घाटन लेखक का बौद्धिक दायित्व है। "सत्यं वद" यह घोषणा भारतीय मनीषियों ने भी की है। नश्वर और शाश्वत की व्याख्या-परम्परा ने कुवेम्पु में प्रस्तुत रचनाकार को जगाया है। उनकी आध्यात्मिक उपमाएँ सिद्ध करती हैं कि उनका कवित्व भारतीय मनीषा की आनन्दानुभूति से उद्भूत है।

मारीच-वध का प्रसंग कुवेम्पु की दृष्टि एवं सृष्टि का नितान्त परिचायक है। वाल्मीकि रामायण, अध्यात्म रामायण और आनन्द रामायण में; भट्टिकाव्य में भी मारीच को रेफभीत अथवा रकारादिभीरु के रूप में चित्रित किया गया है। कुवेम्पु ने पूरे प्रसंग को शाश्वत और नश्वर के निरन्तर संघर्ष के रूप में प्रस्तुत किया है और 'शाश्वत' की पहचान के लिए 'नश्वर' के हृदय को भेद डालनेवाले कवि-दर्शन को उपमान बनाया है। उनके कथनानुसार "शाश्वत के बोध के लिए नश्वर का हृदय चीर डालनेवाले कवि-दर्शन के समान, राम के प्रखर शर ने मारीच के मिथ्या शरीर को छेद डाला। उसके उपरान्त धराशायी हो गयी निशाचराकृति ठीक उसी तरह जिस तरह मिथ्या के भेदन से सत्य प्रत्यक्ष हो जाता है। धराशायी हुए मायामृग के शरीर से निशाचराकृति का दिखना मिथ्या के अनावरण से सत्य के साक्षात्कार के सदृश है। इस उपमान की सृष्टि ने कुवेम्पु की कवि-दृष्टि को आलोकित किया है।"

अहल्योद्धार प्रसंग में राष्ट्रकवि की कारयित्री अपना लावण्य दर्शाती है। कवि के अनुसार 'श्री रामायणदर्शनम्' कृतिविभूति है। जब शिलातपस्विनी अहल्या शाप से मुक्त होकर मानव-रूप धारण कर लेती है और श्रीराम के चरण-कमलों में नतमस्तक होती है, तब कवि की वाणी घोषित करती है कि कृतिकार की अपेक्षा कृतिविभूति महान् होती है। यथा–

**"नमिसिदनो रघुजनुं गौतमसतिय पदके**
**तन्न काव्य के तां महाकवि मणियुवंते।"**

(श्री रामायणदर्शनम्, शिलातपस्विनी—पंक्तियाँ 292-293)

जिस प्रकार महाकवि अपने काव्य को स्वयं प्रणाम करता है, उसी प्रकार रघुज ने गौतमसती को प्रणाम किया। शिला-तपस्विनी को नारी-रूप प्रदान किया। अहल्योद्धार का यह उपमान सिद्ध करता है कि वस्तुतः रचनाकार ने अपनी सुशिक्षित प्रज्ञा से शिष्ट लोक में प्रवेश किया है। कृतिविभूति के सम्मुख कविविभूति का नतमस्तक होकर नमन करना रचनाकार को प्रिय लगता है।

संरचना की दृष्टि से 'श्री रामायणदर्शनम्' चार संपुटों में विवरित सुदीर्घ रचना है। इनमें क्रम में, 10, 12, 13 और 14 सर्गों में रामकथा का निरूपण हुआ है। 'कविक्रतुदर्शनम्' से 'अभिषेक विराट दर्शनम्' तक इसकी व्याप्ति है। काव्य के रचनाशिल्प में अन्नमयादि कोशों को पहचाना जा सकता है। इसमें आध्यात्मिक उपमा भी निर्मित है। जिस प्रकार मनोमय, अन्नमय की प्रतिमाएँ मानवता, वानरता और दैत्यता को पार करती हैं, उसी प्रकार 'अयोध्या सम्पुट', 'किष्किन्धा सम्पुट' और 'लंका सम्पुट' इन्हें उक्त कोशों की भाँति पार करके चतुर्थ सम्पुट (श्री सम्पुटम्) में विज्ञान-दृष्टि के उच्च स्तर की भव्यता का अनुभव रचनाकार को होता है। विज्ञानमय कोश में कवि-विभूति का सुप्रवेश कृति की रोचकता को बढ़ाता है।

'श्री रामायणदर्शनम्' रचना का नामौचित्य कवि-दृष्टि का परिचायक है। 'अभिषेक विराट दर्शनम्' में रचनाकार ने स्वदृष्टि को स्पष्ट किया है। यथा—

**"है नहीं यह इतिहास मात्र,**
**है नहीं यह कथा मात्र**
**कथा है निमित्तमात्र,**
**यथा आत्मा के लिए शरीर,**
**सप्राण हो उठा है यहाँ राम के कथा-पंजर में**
**राम रूपी परात्पर पुरुषोत्तम का,**
**लोकलीलादर्शनम्।"**

कुवेम्पु में निहित दार्शनिक ने उक्त काव्य की निर्मिति-प्रक्रिया में इतना योग दिया है कि 'अयोध्यासम्पुटम्' में मनोमय भूमिका, 'किष्किन्धा सम्पुटम्' में प्राणमय भूमिका, 'लंकासम्पुटम्' में अन्नमय भूमिका और 'श्री सम्पुटम्' में विज्ञानमय और आनन्दमय भूमिका ध्वनित हुई है। रचना का यह विभाग-क्रम योग-भूमिकाओं का व्यंजक है।

कुवेम्पु की दृष्टि 'अहिंसा परमो धर्मः'—इस तत्त्व से 'विश्वमानवसन्देश' की ओर यात्रा करती है। 'श्री रामायणदर्शनम्' में वाल्मीकि ने निषाद को शाप नहीं दिया, किन्तु उसे अहिंसा की दीक्षा दी। कवि की मानवता के प्रति अटूट दीक्षा दी। कवि की मानवता के प्रति अटूट आस्था भी क्रौंच-प्रसंग में प्रकट हुई है। उनके करुण कलित हृदय में विकल रागिनी बज उठी। उन्होंने निषाद को आत्मकथा सुनाई, इतने रोचक एवं प्रभावोत्पादक ढंग से कि निषाद का पाषाण-हृदय द्रवित हो उठा। आशातीत परिवर्तन हुआ; उसके परिणामस्वरूप हिंसक अहिंसक बन गया। हिंसा पर अहिंसा की विजय हुई। यही कुवेम्पु चित्रित क्रौंचवधप्रसंग का प्रतीयमानार्थ है। पापियों का उद्धार कुवेम्पु

रामायण का आन्तरिक दर्शन है जिसमें गाँधीजी की सर्वोदय-दृष्टि भी सम्मिलित है। कुवेम्पु ने स्वयं घोषित किया है–"पापिगुद्धारमिहुदु सृष्टिय महद्व्यूहरचनेयोळ्।" (सृष्टि की इस महती व्यूह रचना में पापी का उद्धार भी सम्मिलित है।)

आंजनेय का सागरोल्लंघन अद्वैत दर्शन के प्रिय कवि कुवेम्पु की कारयित्री प्रतिभा का प्रफुल्ल प्रसून है। कवि के शब्दों में–

> **"निर्विकल्पदि निर्गुणात्मनं**
> **साधिपद्वैतियोल् एसेदननिलात्मजं**
> **शून्यमं सीळि।"**

ऊपर नील गगन; नीचे नील समुद्र; आंजनेय अनन्ताकाश में उड़ रहा था। वह निर्विकल्पसमाधि द्वारा निर्गुणात्म ब्रह्म की साधना करनेवाले अद्वैती के समान दीख रहा था। इस आध्यात्मिक उपमान की निर्माण-प्रक्रिया में योग एवं अद्वैत सक्रिय रहा है।

सीता का अग्निप्रवेश कवि कुवेम्पु के पृथक् चिन्तन का परिचायक है। इस प्रसंग में कवि की दो मौलिक उद्भावनाएँ द्रष्टव्य हैं–पहली उद्भावना यह है कि वाल्मीकि रामायण के अनुसार सीता ने अकेली ही अग्नि में प्रवेश किया किन्तु 'श्री रामायणदर्शनम्' के अनुसार सीता के अग्निप्रवेश के बाद श्री राम ने भी अग्नि प्रवेश किया। दूसरी उद्भावना यह है कि वाल्मीकि रामायण के अनुसार अग्निदेव सीता को साथ लिए प्रकट हुए और अग्निदेव की आज्ञा के अनुसार श्री राम ने सीता को स्वीकार किया किन्तु 'श्री रामायणदर्शनम्' के अनुसार सीता को साथ लिए श्री राम अग्नि से बाहर आये। यहाँ अग्निदेव का उल्लेख नहीं है। पति-पत्नी की समानता-दृष्टि के अनुसार जब सीता ने पतिव्रता-धर्म का पालन किया तब श्रीराम ने भी अग्निप्रवेश करके पत्नीव्रत का पालन किया।

कभी-कभी कुवेम्पु की काव्य-दृष्टि वाल्मीकि की काव्य-दृष्टि से सहमत होती है। वाल्मीकि रामायण में सीता के अग्निप्रवेश से पहले श्रीराम ने भरी सभा में जो वाग्बाण चलाये, उनके प्रत्युत्तर में सीता का कथन महत्त्वपूर्ण है—"भले ही रावण के शरीर से मेरे इस शरीर का स्पर्श हो गया है। इसमें मेरी कोई गलती नहीं है। मेरी विवशता ही इसका कारण है। रावण ने मेरे शरीर का स्पर्श किया किन्तु वह मेरे मन का स्पर्श नहीं कर सका।" 'श्री रामायणदर्शनम्' में सीता वही दुहराती है—"राक्षसं मुट्टिदने? नानन्तु, दैवपराधि. मेय्यनल्लदे मनवने मुट्टिदने?" (संचिका 11)

(राक्षस ने स्पर्श किया? मैंने तो नहीं किया। यहाँ विधि अपराधी है। उसने मेरे शरीर का स्पर्श किया; मन का नहीं।) कवि के अनुसार पवित्रता या शुद्धि स्पर्शमात्र से नष्ट नहीं होती। मन चंगा तो सब चंगा।

वाल्मीकि की काव्य-दृष्टि राम-केन्द्रित थी। उनके अनुसार जो राम को नहीं देखता और जिसे राम नहीं देखता—वे दोनों संसार में निन्दा के पात्र बनते हैं। वाल्मीकि ने रामकर्तृक दर्शन और रामकर्मक दर्शन का समर्थन किया है। रामदर्शन के बिना जीवन निष्फल है। 'असत्' पर 'सत्' की विजय वाल्मीकि द्वारा प्रदर्शित सत्य है। अतः राम-रावण-संग्राम महाकाव्य के केन्द्र में निहित है। इस संग्राम के वर्णन के लिए कोई उपमान नहीं मिलता। अतः कहा गया है—

**"गगनं गगनाकारं सागरः सागरोपमः।**
**रामरावणयोर्युद्धं रामरावणयोरिव॥"** (युद्धकाण्ड)

(गगन गगन के समान है; समुन्दर समुन्दर के समान है; राम-रावण-संग्राम राम-रावण-संग्राम के समान है।) वाल्मीकि रामायण युद्ध-केन्द्रित ही रहा है। किन्तु 'श्री रामायणदर्शनम्' युद्ध और संहार को 'आलोच्य' मानता है। उसका कथन है कि रावण-वध से ही राम की महत्ता नहीं बनती। "दैत्यनं गेलिद कारणकल्तु, तन्न दयितेय नोलिद कारण के गुरु कणा रामचन्द्रं।" कवि कुवेम्पु की यह घोषणा उनकी काव्य-दृष्टि को रूपायित करती है। कवि को नहीं चाहिए केवल संहारक राम; अपितु चाहिए अपनी दयिता का चाहता राम। राष्ट्रकवि कुवेम्पु ने पत्नीव्रत राम को गुरु के स्थान पर बिठाया है।

जिस प्रकार गोस्वामी तुलसीदास ने कहा था—"प्रभुतें प्रभुचरित प्यारे", ठीक उसी प्रकार राष्ट्रकवि कुवेम्पु ने भी कहा है—

**"... ... ... ... रामनामद महिमे**
**रामंगे मिगिलेंबवोल् रामावतारकिं**
**गुरुतरं तानैसे रामायणावतारं!"** (अभिषेक विराट् दर्शनं)

(राम से बढ़कर है राम नाम। किन्तु रामायणावतार रामावतार से गुरुतर होता है।)

सन् 1936 से सन् 1945 तक 'श्री रामायणदर्शनम्' का रचनाकाल है। आधुनिक सन्दर्भ में (राष्ट्रकवि) कुवेम्पु की कविविभूति से आविर्भूत कृतिविभूति 'श्री रामायणदर्शनम्' बीसवीं सदी के कन्नड़ काव्य-लोक की उज्ज्वल नीलमणि है जो सन् 1968 में भारतीय ज्ञानपीठ पुरस्कार से सम्मानित है और सन् 1988 में कर्नाटक सरकार की पम्प प्रशस्ति से विभूषित है। कन्नड़ साहित्य में ज्ञानपीठ पुरस्कार एवं पम्प प्रशस्ति के सर्वप्रथम विजेता राष्ट्रकवि कुवेम्पु अपने सांस्कृतिक महत्त्व से सदैव प्रातःस्मरणीय रहेंगे।

# वीरप्पा मोइली कृत
## 'श्री रामायण महान्वेषणम्' की परिकल्पना

**प्रो. प्रभा वि. भट्ट**

रामायण और महाभारत दोनों भारत की अखण्डता को प्रदान करने वाली रचनाएँ हैं। इनमें हमारी भारतीय संस्कृति झलकती है। किसी भी काव्य की सृष्टि शून्य में नहीं होती। उसके कुछ निर्दिष्ट उद्देश्य होते हैं। कभी सामाजिक शान्ति-समाधान रचना के उद्‌गम के कारण बनते हैं तो कभी अशान्ति, असमाधान रचना के उद्‌गम के कारण बनते हैं। श्री वीरप्पा मोइली कृत 'श्री रामायण महान्वेषणम्' महाकाव्य भी इसी प्रकार के अशान्ति-असमाधान का स्वर बनकर उभर आया है। इसमें प्राचीन एवं आधुनिक दोनों परम्पराओं को ध्यान में रखा गया है। इसमें कवि ने वर्ण-भेद, जाति-पद्धति, शोषण, भूख, अमानवीयता, राष्ट्रीयता आदि जीवन के विभिन्न पहलुओं पर विचार-विमर्श करते हुए उन समस्याओं का समाधान ढूँढ़ने की कोशिश की है।

कृति के आरम्भ में कवि ने स्पष्ट किया है कि ''जीवन, जीवन के लिए मात्र खुलता है। इस अनन्त प्रवाह में जीवन के छोटे-छोटे झरने, तालाब मिट जाते हैं। इस जीवन का महान् अन्वेषण करना ही मेरी रचना का अन्तिम लक्ष्य है। 'श्री रामायण महान्वेषणम्' केवल रामकथा नहीं है। इसमें रामत्व का निरन्तर शोध है। जीवन मूल्यों का, चिन्तन एवं दर्शन का, शोषण का, व्यक्ति-स्वातन्त्र्य की संस्कृति का अन्वेषण है। मीडिया, तकनीकी, भूमण्डलीकरण के इस युग में इस रचना का अपना ही एक अलग महत्त्व है।''

> **"की है रचना सहृदय वृंद के वास्ते, इस नवयुग के इकदम नये चिन्तनों से भरे महान्वेषण नाम के इस महाकाव्य की। शीश नवाते हुए उन चरणों में सौमित्रि के, आशा से इसको लक्ष्मणायन बनाने की।"**

रामायण को लक्ष्मणायन बनाने की कवि की इच्छा नये दृष्टिकोण से जुड़ी है। 'श्री रामायण महान्वेषणम्' पाँच सोपानों में विभक्त है जिनका प्रकाशन 2001 से 2006 के बीच हुआ है। इसका अनुवाद प्रधान गुरुदत्तजी ने किया है। इसमें रामकथा को आधुनिक परिस्थितियों के साथ जोड़कर देखा गया है। तुलसीदास ने रामचरितमानस में रामराज्य की कल्पना की थी परन्तु मोइलीजी ने अपने काव्य में जीवन मूल्यों को कसौटी पर रखकर शोषण रहित राज्य की कल्पना की है। शायद इसीलिए इनकी रामायण कन्नड़ की पहली 'जनता-रामायण' कहलाती है। इस रामकथा की अपनी कुछ विशेषताएँ हैं जिनके कारण यह अन्य रामकथाओं से भिन्न लगती है।

## भूख की समस्या

भारत की प्रमुख समस्याओं में से एक है भूख की समस्या जिसे मोइलीजी ने दशरथ द्वारा किये गये पुत्रकामेष्टि यज्ञ के प्रसंग में दिखाया है। जहाँ एक वृद्ध भोजन करने आता है तो उसे सैनिक खदेड़ देते हैं।

> **"उनको कहाँ स्नात नदी सूख गयी है,**
> **नहायें वे कैसे? नदी भी उनको छोड़, हट जाती है।**
> **किनारे से बहुत पीछे। मिले भी इनको भाग्य कहाँ**
> **भाँति-भाँति के वस्त्रों को पहनने का? बुला रहा था**
> **हाथ के इशारे से जूठन उन भक्ष्य-भोज्यों का,**
> **फेंका था जिनको उच्छिष्ट के रूप में, खाने के बाद।"**

कवि प्रश्न करते हैं—भूखा पेट गरम कड़ाही के जैसे होता है, उसे स्नान, निर्मलता का शृंगार क्यों? क्षुधा को वस्त्रों की शुचिता क्यों? दशरथ तुरन्त कहते हैं—

> **"यह क्या कर रहे हैं आप लोग? आये क्यों नहीं**
> **भोजनशाला में? पसारा क्यों हाथ जूठन की ओर?**
> **होना नहीं चाहिए था ऐसा; सह नहीं सकता मैं कभी**
> **पाप कार्य ऐसा, घटा है जो यहाँ लोप से किसी के**

**हाय! देखा नहीं था मैंने आज तक**
**कहीं भी ऐसे दृश्य को! समान है सब यहाँ**
**भेद-भाव के लिए नहीं जगह यहाँ!"**

× × ×

**"बनाया है किसने यह अभेद्य दुर्ग गरीबी का?**
**गिरा दो उसे अभी, मिटा दो भेद भाव को अभी**
**जो सर उठ खड़ा है गुम्बज के जैसे...।"**

कहते हुए इस प्रकार मानव में भेदभाव करनेवाले को मृत्युदण्ड की घोषणा करते हैं और उस वृद्ध को सान्त्वना देते हुए, स्नान, नये वस्त्र देते हुए कहते हैं–

**"सार्थक यह यज्ञ मेरा, रख दो सिर पर मेरे**
**पाँव तुम्हारे; पादधूली है तुम्हारी परम पावन"**

यहाँ कवि का आशय है कि सृष्टि को विद्रूपित करने वाले यज्ञ वर्ज्य होते हैं, प्रकृति को सुन्दर और सबल करनेवाले यज्ञ से फल प्राप्त होता है। इस प्रकार भेदभाव करनेवाली पद्धति को गलत कहते हैं।

इस देश में भूख और गरीब की स्थिति, उन पर होनेवाले अत्याचार का चित्रण भी अत्यन्त सूक्ष्मता के साथ किया गया है–

**"...क्या कहूँ मालिक**
**खदान के मालिक छोटी-छोटी बच्चियों का अपहरण कर**
**दूर दूर भेज कर उन्हें व्यभिचार कराने लगाते हैं।**
**धनवान कामुक लोगों के विलास की गुड़िया बनी**
**हमारी बच्चियाँ आँसुओं से हाथ धोती हैं**
**संघर्ष ही हमारा संकट बन गया है।"**

## युद्ध विरोधी नीति

युद्ध विध्वंसकारी होता है। इससे बहुत कुछ नष्ट होता है अतः ऐसे युद्ध को निमन्त्रण न देते हुए शान्ति से प्रेम से रहने की सलाह कवि देते हैं। सीता स्वयंवर के प्रसंग में जब परशुराम के आक्रोश, क्रोध को देखकर लक्ष्मण उन पर आक्रमण करने के लिए तैयार होते हैं तब राम लक्ष्मण को रोकते हैं और परशुराम से कहते हैं–

**"... मगर प्यार से**
**भरी बातें निकलेंगी नहीं जब तक आप जैसों से**
**रीझ जायेंगे कैसे आप जैसों के प्रति नवयुग के युवक?**
**आदर जो चाहते हैं उनसे और माँगते हैं श्रद्धा उनसे**
**उनको काम निभाना पड़ता है, ध्यान रखते हुए सदैव**
**नत मन्वंतर के सूक्ष्म भावों की ओर...।"**

इससे परशुराम की विचारधारा बदलती है। तब वे कहते हैं–

**"... सच कहा है,**
**तुमनें श्रीराम। क्रान्तदृष्टि वह मेरी हो चली है**
**अब पुरानी। पहचान इसको कर नहीं पाया कि**
**अविरत संचलन की प्रक्रिया का नाम ही है क्रान्ति**
**नयेपन से मेल साधे बिना बैठा था मैं उधर ही**
**अहंकार में गतवैभव के; प्राचीन अवशेष बनकर**
**रह गया था। युग के साथ-साथ युग की दृष्टि का**
**बदलना भी है अनिवार्य।"**

इस तरह युग परिवर्तन के साथ मानव को बदलने का सन्देश कवि देते हैं। परन्तु कभी-कभी आत्मसुरक्षा, समाज की सुरक्षा के लिए युद्ध करना, शस्त्र उठाना आवश्यक हो जाता है।

**"शस्त्रों को रखना चाहिए**
**शोषण के दमन के लिए चाहिए समर करना**
**नैतिक बल न रहनेवाले राक्षसों का दमन**
**कठिन नहीं है। समुदाय शान्तिसंघटन में**
**बह नहीं जाएँगे वो।"**

इस तरह युद्ध जहाँ विध्वंसकारी होता है वहीं कभी-कभी युद्ध करना आवश्यक भी हो जाता है, ऐसे में शस्त्र उठाना गलत नहीं है।

## नारी के प्रति दृष्टिकोण

नारी पर पुराण काल में भी अन्याय, अत्याचार होते थे, आज भी हो रहे हैं। इस काव्य में विश्वामित्रजी नारी-समूह की समस्याओं के बारे में राम-लक्ष्मण को बताते हुए कहते हैं—

**"राक्षसों के शिविर से होकर मुक्त आयी हैं जो**
**अबलाएँ बाहर, नीच-भाव को दिखते उनके प्रति**
**कर रहे हैं अपमान। हुए हैं जो उन पर अत्याचार**
**फलस्वरूप पाँव भारी थे अनेकों के; हुई हैं दुखी**
**वे अबलाएँ बहुत ही चिन्तित, सतायी;**
**उनके बच्चों का भविष्य पड़ा है असमंजस में।"**

राक्षसों से शोषित नारी को सान्त्वना देते हुए कही गयी राम की बातें आज भी सटीक लगती हैं।

**"...राम हैं कहीं दूर पर;**
**जाने कब आयेगा? कौन जाने आयेगा कि नहीं**
**यों दिशाहीन बन, व्यथित मत होइए आप।**
**जब भी करें आप लोग मेरी याद, आ जाऊँगा मैं**
**पास आपके। होगा यह आपके प्रति कर्तव्य मेरा**
**मनोबल आपका हो जाये दुगुना; भरोसा रखें आप**
**रक्षा करूँगा आप लोगों की; निश्चित रहें आप।"**

इस प्रकार भरोसा दिलाते हुए नारी को दुर्गा बनने का सन्देश देते हैं, और आगे कहते हैं–

**"चलो उठो माते। समुदाय को जागृत करने वाली**
**स्फोटक बनो, अपने भोगे हुए संकट को**
**दुःस्वप्न मान, नारी कुल के लिए दुर्गा बनो।"**

इन्द्र अहल्या प्रसंग में नारी के प्रति सद्भावना, सहानुभूति और भी निखर कर आयी है देव समाज अर्थात् शासक वर्ग भी नारी का, जनता का शोषण करता है इसे कवि गौतम की वाणी के जरिए बताते हैं–

**"...अधिनायक**
**होकर भी देवताओं का, धोखा दे दिया न तुमने?**
**पोत दी न कालिख पावन नारीकुल के मुख पर?**
**जग का होकर रखवाला, किया तुम्हीं ने अत्याचार?**
**वार किया सोने की छुरी से मेरी पत्नी पर?**
**'अतिथि देवो भव' उद्घोषित करने वाले**
**भारतवर्ष की आर्य संस्कृति का अपमान**
**कर नीचे गिरा दिया उसको।"**

विश्वामित्र जब अहल्या की दुःख भरी कहानी राम को सुनाते हैं तो लक्ष्मण विश्वामित्र से सवाल करते हैं कि अगर आप वहाँ थे तो आपने क्यों कुछ नहीं किया। तब विश्वामित्र को न चाहते हुए भी सच कहना पड़ता है–

**"पद के व्यामोह से झिझक कर, डरकर**
**बैठ गया, कर नहीं पाया विरोध;**
**आवाज भी उठा न पाया उस व्यवस्था के विरोध में?**
**भय था मन में कि कई दशकों की साधना से मैं**
**हो जाऊँगा वंचित देवेन्द्र ही था कुलाधिपति और**
**पूर्णाधिकार हो चुके थे निहित उसी में तो उसको**
**अपराधी के स्थान में खड़ा करने का साहस भी**
**कर सकता था कौन?..."**

आज ऐसे ही सत्यों से परदा उठाना है। अहल्या जो राम-लक्ष्मण से कहती हैं वे केवल बातें नहीं हैं–सत्य से साक्षात्कार है–

**"दिव्यदर्शन के हेतु और विमोचन के द्वारोद्घाटन के लिए**
**जड़रूप में, शिलारूप में पड़ी थी मैं अकेली ही नहीं**
**जड़रूप को प्राप्त हो चला था आर्यावर्त सारा॥"**

इतना ही नहीं सीता स्वयंवर में शिवधनुष को तोड़ने की शर्त पर भी राम द्वारा आक्षेप उठाकर कवि ने अपनी मौलिकता का परिचय दिया है।

## विश्वबन्धुत्व

मृतप्राय विश्वबन्धुत्व को फिर से जीवित करने का कार्य कवि करते हैं। स्वार्थ नीति, धोखा, छल, कपट से भरे संसार में आज मानव मानव का शत्रु बन गया है, भेद-भाव बढ़ रहे हैं एकता नष्ट हो गयी है। इसी की ओर कवि पाठकों का ध्यान केन्द्रित करना चाहते हैं। कवि का प्रश्न है–

**"प्रकृति में हो रहा है अनुरणन जिस विश्वबन्धुत्व का,**
**कानों में गूँज रही है वही वाणी आदर्श की,**
**होकर रहना है ऐसे ही एकजुट मानवों को**
**एकता ही सत्य है, भिन्नता है मिथ्या**
**'वसुधैव कुटुम्बकम्', का नित्यसत्य ही**
**निसर्ग गर्भ में छिपा है, चन्दन और सागौन में**
**खग और मृगों में रहनेवाला विश्वबन्धुत्व**
**क्यों नहीं है मानवों में।"**

कवि की चिन्ता बढ़ती है अगर इसी प्रकार रहा तो आगे क्या होगा? इसलिए वो कहते हैं–

**"आनेवाले दिनों में**
**जाति ही दुर्ग बनकर मानवों को**
**विभाजित कर, वैषम्य बोते हुए सब को**
**विचलित करेगी, शोषितों के जैसे दलितों की**
**रक्षा करनेवाला कौन है? जाति रूपी**
**दुर्ग को तोड़कर, भ्रातृत्व अहिंसा का**
**बोध कराओ हे राम।"**

इसमें भविष्य की चिन्ता एवं उसे दूर करने की इच्छा प्रकट होती है।

## प्रकृति प्रेम

पर्यावरण की सुन्दरता एवं उसकी सुरक्षा को लेकर आज का कवि सजग हो गया है। मोइलीजी ने अनेक प्रसंगों में इस पर ध्यान दिया है। जैसे पुत्रकामेष्टि यज्ञ के सन्दर्भ में दशरथ पर्यावरण की हानि न हो इसका ध्यान रखने के लिए प्रजा को सूचना देते हैं। वनवास में पर्णकुटीर के निर्माण के सन्दर्भ में राम लक्ष्मण से कहते हैं–

**"प्रशस्तमी अरण्य पुण्ययम तपोभूमि**
**वत्स लक्ष्मण निर्माण करो पर्णकुटीर का**
**काटो मत जीवित वृक्ष, वेदना होगी पर्यावरण को**
**सूखे वृक्ष की टहनियों, तनों को चुनकर लाओ वत्स"**

जंगल में घूमते हुए सीता जंगल के स्वच्छन्द परिवेश के साथ मानव समाज, परिस्थिति की तुलना करते कहती है–

**"यहाँ कानन में शस्यसंकुल स्वेच्छा से**
**बढ़ रहे हैं, नगर-गाँवों में काटे जा रहे हैं**
**यहाँ नदियाँ बिना रोकटोक के बह रही हैं**
**वहाँ बाँध बाँध रहे हैं, पर्यावरण को**
**बिगाड़ रहे हैं, वायु, जल प्रदूषण कर रहे हैं।"**

आज जो जंगलों को काटा जा रहा है, उससे जो वायु, जल, प्रदूषण हो रहा है उसके प्रति कवि चिन्तित है। प्रदूषण के प्रति जनता को जाग्रत करने का प्रयास दिखाई देता है।

## राजनीतिक समस्या

राजनीति में व्याप्त भ्रष्टाचार, अनीति आदि का खण्डन कवि ने किया है। उनका मानना है कि देश की न्यायांग-व्यवस्था ठीक होनी चाहिए।

**"अधिकार ने संसार से कहा था 'तुम मेरे हो'**
**तभी आया था अधिकार का बन्धन**
**प्रेम-भाव ने कहा था 'मैं तुम्हारा'**
**तभी संसार को सर्वस्वातन्त्र्य मिला था**
**शान्ति साम्राज्य की स्थापना के अलावा**
**संसार बचेगा नहीं, यही है जीवन का सही मूल्य"**

राम को वापस लाने जब भरत जाते हैं तो राम उन्हें जो बातें कहते हैं इनमें एक आदर्श राजा का चित्रण मिलता है।

**"धर्म यह कानन मेरे लिए राजभवन है।**
**धर्म रहित राजभवन श्मशान से हीन है।"**

## महान्वेषण का संकल्प

'महान्वेषण' शब्द के कई अर्थ हो सकते हैं जैसे शोध, ढूँढ़ना, खोज, पूर्णदृष्टि, दिव्यदर्शन, आत्मानुसन्धान आदि। कवि ने इसे विशाल अर्थ में प्रस्तुत किया है। महान्वेषण अर्थात् 'सत्य पथ की खोज'। काव्य में आनेवाले राम, सीता, लक्ष्मण, भरत, उर्मिला सब अपने ही ढंग से अपने-अपने पथ की खोज करते हैं। परन्तु कवि 'समग्र-सत्य' की खोज करना चाहते हैं। यह खोज निरन्तर युगों से चली आ रही है और चलती रहेगी। संसार में कई सारे द्वन्द्व हैं चाहे वह व्यक्ति-व्यक्ति के बीच हो या देश-देश के बीच। कवि इन सब को दूर करना चाहता है। जिसके लिए उन्होंने लक्ष्मण को काव्य का नाटक बनाया। महान्वेषण की प्रक्रिया में थकान न होती है, न होनी चाहिए जिसे विश्वामित्र के जरिए बताने की कोशिश कवि करते हैं। विश्वामित्र अपने शिष्यों के जरिए एक नयी अयोध्या का निर्माण करना चाहते हैं–

**"आगे बढ़ो श्रीराम नक्षत्रमार्ग में**
**तुम मेरी आत्मा हो चलो पुण्यात्मा**
**जहाँ विचार स्वतन्त्रता की रुकावट है वहाँ**

**चलो, रास्ता रोकेगा नहीं, काल मैं हूँ साथ**
**नवयुग के निर्माण की दिशा में मैं हूँ**
**बलि का पत्थर बना खुद को तुम्हारे चरणों में समर्पित करूँगा**
**तुम्हारी इच्छा के कठोर शासन को तोड़ूँगा नहीं**
**हे राजा, एक नया अयोध्या का निर्माण**
**होगा तुम्हारे अन्वेषण में"**

लक्ष्मण को महान्वेषण का रास्ता दिखाकर उसमें साहस भरते हुए कहते हैं–

**"लोककल्याण की दीक्षा हमें है, सर्वमुख**
**शान्ति क्रान्ति की साधना करनी है, बचानी है**
**मानवता की दुःखज्वाला में पके हुए**
**दीनदुर्बलों को सुख देना है**
**मूक जनता को वाणी देनी है**
**पाताल से वराहमूर्ति ने जैसे धरणी को ऊपर उठाया**
**वैसे मानवता की मर्यादा को ऊपर उठाना ही है।"**

इस प्रकार ह्रास होती मानवता का पुनरुत्थान करना ही इस काव्य का लक्ष्य है। हम इस तरह कह सकते हैं कि मोइली जी का यह काव्य दुःखी जनता को सुखी होने के लिए क्या करना चाहिए? इसका उत्तर देता है। कथा पौराणिक होने पर भी, समकालीन समस्याओं का समाधान खोजने की दिशा में प्रेरित करता है जिसके बिना देश की प्रगति हो नहीं सकती। काव्य में आनेवाले स्त्री-पात्रों में अपनी अस्मिता के प्रति जागरूकता दिखाकर, कठिन परिस्थितियों में भी नारी को आगे बढ़ने की प्रेरणा दी गयी है। किसी भी परिस्थिति में जीवन से हार न मानते हुए साहस के साथ आगे बढ़ने की संकल्पना को दिखाकर जीवन के प्रति आशावाद का सन्देश दिया गया है। कुल मिलाकर कहा जा सकता है कि परम्परा और आधुनिक विचारों के माध्यम से पाठकों को फिर एक बार रामायण का पुनःपाठ करने के लिए बाध्य करने में कवि सफल हो गये हैं।

# कन्नड़ रामकाव्य की तालिका

## (आदिकाल से आधुनिक काल तक)

| | | | |
|---|---|---|---|
| 1. भुवनैक्य रामाभ्युदय | (सन् 951) | : | पोन्न |
| 2. चावुंडराय पुराण | (सन् 978) | : | चावुंडराय |
| 3. पम्प रामायण अथवा रामचरित पुराण | (1940) | : | नागचन्द्र |
| 4. जगन्नाथ विजय | (1180) | : | रुद्रभट्ट |
| 5. जीत सम्बोधने | (1200) | : | बन्धु वर्मा |
| 6. कुमुदेन्दु रामायण | (1275) | : | कुमुदेन्दु |
| 7. मैरावण काळग | (1400) | : | नरहरि |
| 8. तोरवे रामायण | (1500) | : | कुमार वाल्मीकि |
| 9. कौशिक रामायण | (1500) | : | बत्तलेश्वर |
| 10. रामविजय काव्य | (1525) | : | मित्र देवप्पा |
| 11. उत्तर रामायण | (1600) | : | नारायण |
| 12. द्वैत रामायण | (1650) | : | निजगुणार्य |
| 13. रावण मन्दोदरी संवाद | (1700) | : | निजगुणार्य |
| 14. उत्तर रामायण | (1612) | : | नरसप्पा |
| 15. उत्तर रामायण | (1650) | : | योगीन्द्र |
| 16. मूलक रामायण | (1600) | : | अज्ञात लेखक |
| 17. उत्तर रामायण | (1650) | : | तिरुमले वैद्य |
| 18. रामचन्द्र चरित्रे | (1700) | : | चन्द्रशेखर |
| 19. मार्कंडेय रामायण | (1650) | : | तिम्मरस |
| 20. शंकर रामायण | (1721) | : | तिम्मण्ण |
| 21. तिरुमले रामचरिते | (1700) | : | अज्ञात लेखक |
| 22. मूलबल रामायण | (1750) | : | हरिदास |
| 23. अध्यात्म रामायण | (1750) | : | शंकरनारायण |
| 24. वरदविट्ठल रामायण | (1750) | : | वरदविट्ठल |
| 25. श्रीमद्रामायण या रामकथाभ्युदय | (1770) | : | वेंकामात्य |
| 26. रामकथावतार | (1770-1841) | : | देवचन्द्र |
| 27. जिन रामायण | (1810) | : | चन्द्रसागरवर्णि |
| 28. अध्यात्म रामायण | (1774-1868) | : | मुम्मडि कृष्णराज |

| | | | | |
|---|---|---|---|---|
| 29. | उत्तर रामकथे | (18वीं सदी) | : | नारायण कवि |
| 30. | उत्तर रामायण | " | : | तिरुमले वैद्य |
| 31. | उत्तर रामायण | " | : | योगीन्द्र |
| 32. | उत्तर रामायण | " | : | नरसप्पा |
| 33. | कौशल्या विवाह | " | : | वालगळ्ळि वरदविट्ठल |
| 34. | चामराजोक्ति विलास (वाल्मीकि रामायण की टीका) | " | : | चामराज |
| 35. | परशुराम रामायण | (18वीं सदी) | : | बब्बूरु रंग |
| 36. | रामचन्द्र चरित | " | : | चन्द्रशेखर तथा पद्मनाभ |
| 37. | श्रीमद्रामायण | " | : | वेंकामात्य |
| 38. | श्रीरामविजय | " | : | पार्श्वनाथ |
| 39. | सेतु महात्म्य | " | : | वैदेश्वर भक्त |
| 40. | सेतु महिमादर्श | " | : | कळले नंजराज |
| 41. | हनुमद्रामायण | " | : | सुब्रह्मण्य |
| 42. | हनुमद्विलास | " | : | वेंकामात्य |
| 43. | अंजना चरित्रे | (19वीं सदी) | : | अज्ञात लेखक |
| 44. | अच्चगन्नड रामायण | " | : | सिद्धान्ति सुब्रह्मण्यशास्त्री |
| 45. | अद्भुत रामायण | (19वीं सदी) | : | मुद्दण |
| 46. | अध्यात्म रामायण (उत्तर काण्ड) | " | : | शाल्मद कृष्णराज |
| 47. | अध्यात्म रामायण टीके | " | : | भागवत कृष्ण |
| 48. | अध्यात्म रामायण महात्म्ये | " | : | नरसिंह |
| 49. | आंजनेय विजय | " | : | शान्तकवि |
| 50. | आनन्द रामायण | " | : | तिम्मामात्य |
| 51. | उत्तर रामकथा संग्रह | " | : | पं. भीमराव |
| 52. | उत्तर रामचरिते कथे | " | : | मुम्मडि कृष्णराज |
| 53. | उत्तर रामचरिते नाटक | " | : | बसप्पा शास्त्री |
| 54. | उत्तर सीताचरिते | " | : | नंजनगूडु सुब्बाशास्त्री |
| 55. | उन्मत्त राघव प्रेक्षणिक | " | : | सिद्धंति शिवशंकर शास्त्री |
| 56. | ऋष्य शृंगोपाख्यान | " | : | प. रामशास्त्री |
| 57. | कन्नड़ बाल रामायण | " | : | के. रामस्वामी अय्यंगार |
| 58. | कन्नड़ रघुवंश | " | : | रघुनाथ |
| 59. | कपोतचरिते | " | : | वेंकटाचलदास |
| 60. | कर्नाटक रामायण संग्रह | " | : | लिंगराज अरस |
| 61. | कौसल्या परिणय | " | : | के.रा. मागडि |
| 62. | जानकी परिणय | " | : | सूर्य नारायणप्पा |
| 63. | दुंदुभि आख्यान | " | : | बोळार |

| | | | | |
|---|---|---|---|---|
| 64. | पंचवटी रामायण | (19वीं सदी) | : | वीरनगेरे पुट्टण्णा |
| 65. | रघुनाथ रामायण | ” | : | के. रामस्वामी अय्यंगार |
| 66. | रामकथा कल्पवृक्ष | ” | : | मुम्मडि कृष्णराज |
| 67. | रामकथा रंजन | ” | : | न्यायपति लक्ष्मीनरसिंह |
| 68. | राम:कथे | ” | : | माघणंदि |
| 69. | राम कोरवंजि | ” | : | वेंकटेश |
| 70. | रामतत्त्वामृत | ” | : | शंकरानंद योगी |
| 71. | रामदूत विजय | ” | : | ति. श्रीनिवास अय्यंगार |
| 72. | राम पारिजात | ” | : | ऐहोळे भीमराय |
| 73. | राम पारिजात | ” | : | बी. राघवेन्द्र |
| 74. | रामभक्ति सार | ” | : | नरस |
| 75. | रामविजय काव्य | ” | : | आत्मारामदास |
| 76. | रामायण कथा स्तार | ” | : | अ. सुब्बाजि |
| 77. | रामायण टीके | ” | : | मुम्मडि कृष्णराज |
| 78. | वाक्य रामायण | ” | : | बागलूरु रामस्वामी |
| 79. | वाशिष्ठ रामायण | ” | : | बागलूरु रामस्वामी |
| 80. | विभीषण युद्ध | ” | : | बागलूरु रामस्वामी |
| 81. | विभीषण नीति | ” | | बागलूरु रामस्वामी |
| 82. | शतकंठ रामायण | ” | : | कं. च. श्रीनिवास राय |
| 83. | श्रीरामकथा प्रसंग | ” | : | बी. रामकृष्णय्या |
| 84. | श्रीरामकथा संग्रह | ” | : | सिद्धान्ती |
| 85. | श्रीराम पट्टाभिषेक | ” | : | मुद्दण |
| 86. | श्रीरामाश्वमेध | ” | : | मुद्दण |
| 87. | संग्रह रामायण | ” | : | बी. लूयिरैस |
| 88. | सदाशिव रामायण | ” | : | मगतलेप्रभु तोरदमल्ल वेंकटाद्वय |
| 89. | सीता उदयतु | ” | : | अ. कृष्णवर्ग |
| 90. | सीता कल्याण | ” | : | रामण्ण वेंकट सुब्बय्या |
| 91. | सीता चरिते | ” | : | नंजनगूडु सुब्बाशास्त्री |
| 92. | सीता स्वयंवर | ” | : | प्राणेश विठल |
| 93. | सीता स्वयंवर | ” | : | सांबय्या |
| 94. | सुग्रीव सख्य | ” | : | के. श्रीनिवास अय्यंगार |
| 95. | संक्षेप रामायण | ” | : | भाष्यं तिरुमलाचार्य |
| 96. | संक्षेप रामायणादि | ” | : | प.सी.सुब्रह्मण्य शास्त्री |
| 97. | संक्षेप कन्नड़ रामायण | ” | : | डॉ. श्रीनिवास राव |
| 98. | संक्षेप रामायण | ” | : | गदुगिन वीरनारायण अंकित |
| 99. | हनुमद्विलास | ” | : | प्राणेश विठल |
| 100. | हनुमद्विलास | ” | : | वेंकट नरसय्या |

## कन्नड़ में रामायण साहित्य
## (20वीं एवं 21वीं सदी)

| | | |
|---|---|---|
| 1. | अद्भुत रामायण | : श्रीकंठशास्त्री |
| 2. | अद्भुत रामायण | : एस. शंकरनारायण भट्ट |
| 3. | अध्यात्म रामायण | : एस. शंकर भट्ट |
| 4. | अध्यात्म रामायण | : सी.एम. राघवाचार्य |
| 5. | अहल्या | : पु. ति. नरसिंहाचार्य |
| 6. | उत्तररामचरिते | : बसप्प शास्त्री |
| 7. | गीत रामायण | : श्रीनिवास तोफखाने |
| 8. | दास रामायण (बालकांड) | : भद्रगिरि केशवदास |
| 9. | नवनीत रामायण | : मुळिय तिम्मप्पय्या |
| 10. | नीति रामायण | : गमकि गुंडूरामय्या |
| 11. | भरत भक्ति काव्यम् | : के. रामस्वामी अय्यंगार |
| 12. | मध्व रामायण | : बन्नंजे गोविंदाचार्य |
| 13. | रामनवमि | : मास्ति वेंकटेश अय्यंगार |
| 14. | रामायण | : सालि रामचन्द्रराय |
| 15. | रामायण (बालसाहित्य-सचित्र) | : डॉ. शिवराम कारंत |
| 16. | लवकुश | : डॉ. शिवराम कारंत |
| 17. | श्री तुलसी रामायणम् | : अनन्त पद्मनाभ राव |
| 18. | श्रीरामचरितमानस | : गुरुनाथ जोशी |
| 19. | श्रीरामायण दर्शनम् (महाकाव्य) | : कुवेम्पु |
| 20. | श्रीराम पट्टाभिषेक | : मास्ति वेंकटेश अय्यंगार |
| 21. | श्रीराम परीक्षणम् | : डी.वी. गुंडप्पा |
| 22. | श्रीराम पट्टाभिषेक | : एस.वी. परमेश्वर भट्ट |
| 23. | सीता वृत्तान्त | : एस.के. रामचन्द्रराव |
| 24. | सीता वनवास | : बी. वेंकटाचार्य |
| 25. | श्रीरामायण महान्वेषणम् (महाकाव्य) (2001-2006) | : वीरप्पा मोइली |
| 26. | रामायण दृश्यावळि (2006) | : प्रो.बी.एन. मळगि |

❑❑

# लेखक सम्पर्क-सूत्र


| | | |
|---|---|---|
| 1. **प्रो. टी.आर. भट्ट** | : | पूर्व आचार्य एवं अध्यक्ष, हिन्दी विभाग, कर्नाटक विश्वविद्यालय, 'प्रज्ञाश्री' छठा क्रास, कल्याण नगर, धारवाड़-580007, मो. 09449634716 |
| 2. **डॉ. श्रीधर हेगड़े** | : | अध्यक्ष, हिन्दी विभाग, एफ.एम. के.एम.सी. कॉलेज, मडिकेरी-571201, मो. 09491584354 |
| 3. **श्री संगमेश नानन्नवर** | : | अतिथि प्रवक्ता, हिन्दी विभाग, कुवेम्पु विश्वविद्यालय, शिवमोग्गा-577451, मो. 09481051675 |
| 4. **डॉ. नन्दिनी गुंडूराव** | : | पूर्व आचार्य, हिन्दी विभाग, कर्नाटक विश्वविद्यालय, धारवाड़-580003, मो. 09886330783 |
| 5. **डॉ. मनोरंजिनी एस. कोटेमने द्वारा** | : | सतीश अवभ्रत, लिफ्को टोकियो इंशुरेन्स कम्पनी, हुबली-580029, मो. 09481013466 |
| 6. **डॉ. उमा हेगड़े** | : | अध्यक्ष, हिन्दी विभाग, कुवेम्पु विश्वविद्यालय, शंकरघट्टा, शिवमोग्गा-577451, मो. 09480354124 |
| 7. **प्रो. सुनीता मंजनबैल** | : | आचार्य एवं अध्यक्ष, हिन्दी विभाग, गुलबर्गा केन्द्रीय विश्वविद्यालय, गुलबर्गा (कर्नाटक), मो. 07411690898 |
| 8. **डॉ. दत्तात्रेय हेगड़े** | : | प्रवक्ता, आलवा जूनियर पी.यू. कॉलेज, मूडबिदरी-574227, मो. 09964302942 |
| 9. **डॉ. नामदेव एम. गौडा** | : | अध्यक्ष, हिन्दी विभाग, महाराजा कॉलेज मैसूर-570006, मो. 09449121330 |
| 10. **डॉ. परशुराम गमालगे** | : | अध्यक्ष, हिन्दी विभाग, बेसन्त महिला कॉलेज कोडियालबैल, मंगलूरु–575003, मो. 08277156735 |
| 11. **डॉ. वी.डी. हेगड़े** | : | पूर्व आचार्य एवं अध्यक्ष, हिन्दी विभाग, मैसूर विश्वविद्यालय, आठवाँ क्रास, विवेकानन्द नगर, मैसूर-570023, मो. 09986326332 |
| 12. **प्रो. प्रभा वि. भट्ट** | : | आचार्य एवं अध्यक्ष, हिन्दी विभाग, कर्नाटक विश्वविद्यालय, धारवाड़-580003, मो. 09945195565 |